疑趣课堂：

让学生享受数学生活

季国栋　著

上海教育出版社
SHANGHAI EDUCATIONAL
PUBLISHING HOUSE

序

季国栋，在我的心目中，永远是那个充满生气的小伙子，好像停留在我第一次见他的那个年龄段。当然，这不完全是个错觉，因为他一直在思考着、研究着、实验着——思想者永远年轻，研究者永远深刻，实验者永远有创造的活力。

我听过国栋的数学课。在课堂上，在学生面前，他完全变了个模样，像是大哥哥，和学生做着有趣的游戏，又在讨论中一一解决了所有疑难问题。我对听课的老师说，国栋的"课感"特别好。

现在回想起来，国栋的"课感"实际上是他教学风格的具体体现。所谓教学风格，不仅是教学的独特性，还是教学的整体风貌，独特性是整体风貌的一个方面，整体风貌是独特性的土壤或背景。国栋的课让学生喜欢，让大家感到舒服。一个在课堂上和儿童友善相处、积极互动，把儿童当作伙伴、把学习当作游戏的教师一定是永远年轻的，而且是十分可爱的。

现在回想起来，国栋的教学风格背后或深处，是他的教学主张。教学主张，即个性化、学科化的教学思想，是教学风格的血液，教学风格则是思想的雕塑。思想、风格不是虚无缥缈的，更不是虚空的，而是可以感受，甚至可以触摸的，它具体、真实地存活着、活跃着、跳腾着。

国栋将自己的教学主张用两个字来概括：疑趣。这一主张构建了属于他的"疑趣课堂"，而且在进一步探索着，实验着，改进着，完善着，不断地凝练，不断地阐释。他曾经出过一本专著《面朝大海——我的数学教学》，至今已近十个年头了。那本书也是我写的序，序里有这样的话："面朝大海，国栋感性的、非数学的表达并没有遮蔽他的理性和数学专业思维。"的确如此。不过，现在他在原有的基础上有了新的提升，书名定为《疑趣课堂：让学生享受数学生活》，将"疑趣课堂"直接呈现出来，而且将其价值指向"享受数学生活"。与十年前相比，这本专著发生了一些重要的变化。

特点之一:对"疑趣课堂"作了全面的梳理,构建了自己的体系,对"疑趣课堂"的阐释更系统,结构化更强,学术性也更高。他将"建构立场"作为第一章,很有道理,站在什么立场上,为了谁,为了什么,这是方向问题,是价值导向问题。而立场在哪里?国栋从研究背景、追求方向、重要依据等方面作了分析,其结论是:"疑趣课堂"是学科教学育人的切入点,是出发点,也是突破点,当可成为生长点。"疑趣课堂"不是玩花样,而是实实在在地让学生学好数学,认认真真地用数学来育人。

特点之二:"疑趣课堂"进一步彰显中国文化特色。国栋开宗明义:"早在南宋时,哲学家陆九渊指出:'为学患无疑,疑则有进。'南宋理学家朱熹认为'为学贵知疑',并常常启发自己的学生提出问题。《学规类编》中也这样表述:'书始渐未知有疑,其次渐有疑,再其次节节有疑,过此一番之后,疑渐读释,以至融会贯通,都无可疑,方始是学。'"当然,他更关注孔子的"愤悱"思想。国栋的"疑趣课堂"有它的根,是在中华文化、中国教育思想的土壤里长出来的。国栋还在认识层面将柏拉图、亚里士多德与老子的论述作了比较:"西方更重视合理和深刻,侧重'疑',中国更重视合情和意境,侧重'趣'。"由于出发点不同,价值判断也就不同了。从这个角度看,"疑趣课堂"既彰显中华文化特色,又呈现开放的态度,尊重并吸纳多元文化的精髓。

特点之三:"疑"与"趣"互为手段,又互为目的。"疑趣课堂"不同情况下有不同的切入口和突破点,可以从"趣"切入,又可从"疑"切入。从"趣"切入,让"疑"跟上,自然快乐地走向思维高峰;从"疑"切入,"疑"可以生成深层次的"趣","趣"又可以带动"疑"的深入思考与追求。因此,"疑趣课堂"的形态是多元的。

特点之四:对"疑趣"的关系作了深度的解读。国栋从以下视角来阐释。其一,理性与感性。理性侧重逻辑的严谨,感性侧重趣意的丰富,理性与感性相统

一、相融通，形成了一种独特的美。“疑趣课堂”是美的课堂。其二，思维与情感。以思维为核心，让情感始终伴随着思维，思维与情感相互交融、相互促进，让学生的数学学习像长了双翼腾飞起来。“疑趣课堂”是让学生数学想象飞扬起来的课堂。其三，通俗地讲，“疑趣课堂”生动又深刻，深刻镶嵌在生动中，生动中透射出深刻。“疑趣课堂”是智慧的课堂，是儿童喜欢的课堂。

国栋的这本专著，在实施路径与教学策略上下了更大的功夫，他所阐释的要点对广大教师而言具有引导意义，“疑趣课堂”的操作性很强，容易推广，适合教师借鉴、引用。

再次祝贺！“疑趣课堂”也让我们享受了一次数学学习的乐趣，相信广大教师会更加喜欢。

成尚荣

江苏省教科所原所长、国家督学

2021 年 7 月

目录

第一章

疑趣课堂的建构立场

古人云：学起于思，思源于疑。

数学课堂教学不仅要向学生传授知识，激发学生的学习兴趣，更要培养学生独立思考的习惯，提升学生的创造性思维能力。我们常常把数学学习的过程看作一个理性的过程，但其中还有很多情感的内涵。这些情感中，既有师生之间碰撞得到的，也有学生学习中独自拥有的。情感就像河床，认知就像一江春水。

疑趣课堂以学生发展为中心，让学生在疑趣交融的过程中掌握相应的数学知识，开拓思维空间，提升数学素养，实现自主学习，并且享受到数学学习的快乐。本章从研究背景、追求方向、重要依据三个方面对疑趣课堂的建构立场进行阐述。

第一节　疑趣课堂的研究背景

一、关于问题类教学法的研究

早在南宋时，哲学家陆九渊指出："为学患无疑，疑则有进。"南宋理学家朱熹认为"为学贵知疑"，并常常启发自己的学生提出问题。《学规类编》中也这样表述："书始渐未知有疑，其次渐有疑，再其次节节有疑，过此一番之后，疑渐读释，以至融会贯通，都无可疑，方始是学。"孔子以"不愤不启，不悱不发"为支点，主张激发儿童"愤悱"之情。① 可见，激发学生的问题意识在我国古代很多的教育思想中都有提及，但是比较零散，不成体系。

国外有关问题类教学法的研究和实施相对比较完善。如马赫穆托夫的问题教学论，是指教师通过提出问题、分析问题、解决问题这三个过程来实现教学目的，以此培养学生的问题意识，促进学生的思维发展。问题驱动式教学是以建构理论为基础的教学，指以问题为载体和核心，启发学生的思维，②引导学生自主学习、合作探究，提升学生综合素质，是学生解决问题的外驱力。杜威在其《民主主义与教育》一书中提出的"反省思维分析"和"问题教学法"，目的都是促使学生能动地思考问题、提出问题。罗伯特·德莱尔在《问题导向学习在课堂教学中的运用》一书中也提出了问题导向学习法，让学生主动参与，主动研究，主动解决问题，取代死记硬背的学习方式。

在国外问题类教学法思想的影响下，国内许多研究者也提出了一些教学法。如质疑教学法，指的是教师在课堂教学过程中，根据所教内容，有目的、适时地设疑，和学生一起不断质疑、不断释疑，③使学生在教学过程中学会分析，学会归纳总结，逐步从"教师提问，学生解答"到"学生提问，教师解答"，化被动为主动。质疑教学是不以课本编排为教学结构，通过拟定相关教学主题，从学生的兴趣出

---

① 季国栋.小学数学疑趣课堂的实践研究[J].基础教育参考，2017(18)：48.

② 陈江.基于问题驱动式教学培养学生问题意识的实践研究——以人教版必修一为例[D].贵州：贵州师范大学，2017.

③ 赵明尖.高中数学新课设疑式导入的使用情况研究[D].重庆：重庆师范大学，2016.

发,罗列学生喜欢研究的方向和内容,①帮助学生确定研究方向从而进行教学的过程。质疑教学的整个过程以学生的好奇心和求知欲为学习的动力,教师摆脱了以往的说教式教学方式,变成了学生的导师和同事,与他们共同研究所感兴趣的内容。②

二、关于情感类教学法的研究

随着人本主义思想的发展,教育模式不再只关注认知因素,教育观逐步从学科中心观向全人教育观转变。教学过程中不仅要关注学生的知识与能力,还要关注学习的过程与方法,更要关注学生在学习中的情感、态度和价值观。学生的学习情感伴随着学生学习活动的始终,它是学生求知的必要条件,也是调动和发挥学生学习自主性与积极性的策略和手段。

罗扎诺夫的暗示教学法就属于情感类教学法的一种,它是在充分掌握学生的情绪情感的基础上运用人的可暗示性,通过设置轻松愉快的教学环境来促使学生产生无意识的积极的情感和情绪,从而在不知不觉中达到接受知识信息的目的。

情趣教学作为一种教学策略,也逐渐被应用到以学生为主体的教学实践之中。张敏在《情趣教学的理论与实践探索》一文中提出:情趣教学是一种以学生为中心的,有效激发学生学习兴趣,开发学生潜能的教学策略。情趣教学从“情”出发,能够建立融洽的师生关系,激发学生产生强有力的学习动力;情趣教学从“趣”出发,能够引导学生产生想学的自觉动机,形成稳定持久的学习兴趣。

三、问题类教学法与情感类教学法各有侧重

问题类教学法虽然明确指向学生的思维,但在实际实施过程中还是趋于形式化和简单化。吕传汉、汪秉彝教授和美国的蔡金法博士联合进行了“数学问题提出与解决”的跨文化研究。研究发现,中国学生获取知识的效率高,解题能力强,但学习被动,思维不活跃,问题意识差,不会主动发现及提出问题。主要原因

---

① 钟文红.数学中的质疑教学[J].小说月刊,2017(14):1-2.

② 戴军平.生物教学如何培养学生的质疑能力[J].神州(中旬刊),2013(3):188.

在于:我们的教学只重视训练学生分析和解答已经提出的问题,并要求学生按一定的解题模式进行反复的强化训练,而忽视了如何引导学生去发现问题和提出问题。现在,越来越多的教师已经意识到课堂的主体是学生,这种意识的觉醒是令人喜悦的。但在课堂实施过程中,问题类教学法更多只是教师呈现教学内容的一种方式,教师设计问题,提出问题,学生仅仅分析问题,解决问题。学生即使有时提出问题也只是为了配合教师,并非有感而发或出于求知欲,“为问而问”的现象较普遍。

随着情感类教学法研究的深入,越来越多的一线教师意识到非智力因素对学生学习产生的影响。然而,在小学数学课堂实践中,特别是一二年级的教师,为了更好地吸引学生的注意力,昨天“喜羊羊”,今天“灰太狼”,过于注重形式上的趣味性,忽略了基于数学自身魅力的本质上的数学趣味,更没有形成系统的与数学学科相融合的情趣教育思想和相对应的实施策略。

总之,现有的研究主要存在两点不足:一是侧重一个方面,忽视问题教学与情感教学的内在关联;二是理论与实践脱节,特别是通识的理论缺少对特定学段、特定学科(如小学数学)的关照。现有的实践研究还存在各执一端的局限。问题教学仅仅凸显思维能力的培养,强调让学生经历分析问题、解决问题的学习,大多缺乏发现问题、提出问题的过程,而且在学习情感上缺乏一种“趣”。有的研究则仅仅凸显“主情论”,只关注学生的学习情感,局限于激发学习动力和学习兴趣,缺乏数学学习理性层面的“疑”。

第二节 疑趣课堂的追求方向

一、理想的小学数学课堂应将思维和情感相融

新课程改革之后的课堂虽然精彩纷呈,但受传统应试教育、唯分数论的影响,学生的学习负担依然沉重,学得累、学得苦的现象仍然较为普遍。笔者曾经做过一个调查,从图 1-1 不难发现,学生的思维往往被束缚在教师预先设计好的问题中,发现问题、提出问题的意向较弱,能够明白数学道理和持续探究的学

生占比较低,学习中缺乏深层次的交流和思维碰撞。没有思维的挑战,即失去了数学学习本身的意义。

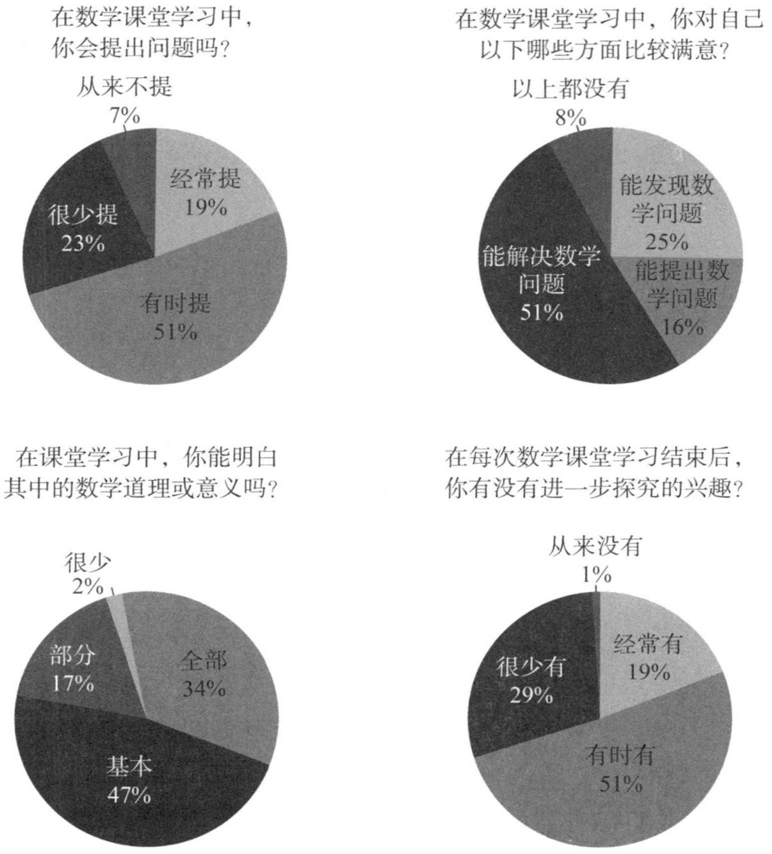

图 1-1　关于数学课堂学习的调查

为此,在数学学习生活中,学生的思维品质和情感体验方面均需要进一步提升。立足于以生为本,以学生的最大发展为落脚点,把学习主动权还给学生,给学生充分的学习时空,为学生提供培育兴趣、应用、应变、自信、求实、责任、想象和创造的环境,是非常重要的。①

不管社会怎么发展,信息技术多么发达,学校存在的最大意义仍在于教育教学的人文性。学生需要教师在真实场景中提供帮助,尤其是培育学生的人文素

① 杨继新.新课程改革中小学数学教学方法应如何改进[J].科学导报,2013(11):6.

养比仅仅传授知识更有意义，师生之间、生生之间的交往关系和实践体验非常重要。而对彼此之间的交往而言，最关键的一点就是情感的交融。小学数学教学是数学的教学，离不开作为科学的数学。但是，小学数学并不是纯粹的科学数学，它具有现实数学、经验数学和生活数学的性质，板着面孔、与枯燥寂寞相伴的数学难以走进孩子的心灵。①

因此，小学数学教学要充分体现学科性和儿童性，理想的小学数学课堂要在兼顾各方面的基础上突出思维和情感，将思维和情感相融合。不能仅仅凸显其一，要避免出现“一条腿走路”；既要关注学生的思维，也要兼顾学生的情感，既注重“疑”，又关注“趣”，让疑趣立体交融，相得益彰。

必须强调的是，我们的数学课堂需要的是学生真切的情感和真实的思维，不能出现学生为了迎合教师、迎合知识而导致情感和思维上“失真”的现象。

教学“圆的周长”时，为了让学生体验圆周率的计算过程，教师一般要求学生同桌合作，拿出事先准备好的大小不同的圆，分别测量出它的直径和周长（滚动、绳绕），并计算出该圆周长与直径的比值，然后比一比看谁测量得准，即 π 近似于 3.14。因为在教学之前，有一大部分同学已经对圆周率有所了解，并且知道 π 的近似值是 3.14，甚至有一小部分同学知道了圆的周长公式，所以在测量的操作过程中，就会出现个别同学不想参与或者敷衍了事的情况。在汇报环节中，有的同学明明没有进行测量和计算，却仍然给老师一个杜撰的、不真实的结果。更有甚者为了体现测量的误差，还故意将周长与直径的比值设定为接近 3.14，老师也没有对比值进行检查。有的学生在课后还解释道：如果让比值刚好等于 3.14，别人会感觉结果太假，如果让比值离 3.14 较远，老师会觉得测量得不够认真，所以故意找 3.12、3.16、3.11 等一个个接近 3.14 的值，这样既可以让老师高兴，又可以完成任务。这样的课堂是不真实的课堂，长此以往，孩子们的探索精神和创新意识将会逐步丧失。怎么避免出现这种情况呢？

疑趣课堂是自然、纯朴的，在教师引导学生不断地释疑和生趣的过程中，学生的思维进行合理的碰撞，不需要进行刻意的雕琢和修饰。课堂中可以有火花，有惊喜，也可以有争论，有遗憾，甚至可以有失误和不完美，我们追求的是真情实

---

① 季国栋.理性对待 智慧处理——浅谈“数学规定”的教学[J].教学月刊(小学版 数学)，2013(12)：24－29.

感、真知灼见。在实际教学中，教师应该引导学生正视误差，用实际测量的结果进行计算，而没必要纠结“看谁测量得准”的问题。另外，为了减少误差，还可以要求学生测量三次以上，再取平均值求出圆的周长和直径的比值。不管得出什么结果，只要操作过程认真严谨，都应该得到肯定。如果得到的结果比 3 多一点，说明比较精确；如果误差很大，就要仔细寻找原因，是不是测量工作有问题或操作不当等，进而作出改进。这样不仅能够让学生在测量中学到知识和技能，也培养了学生求真的科学精神，磨炼了学生探索的能力；即使过程有点纠结、烦恼、痛苦，疑趣课堂也是坚决拒绝假学习、假操作的。

二、教学主张是彰显和强调

模式的应用固然有着非常积极的一面，但对我们的认识活动而言也有消极的影响。怀特海认为：模式作为一种抽象“涉及强调，而强调却使经验活跃起来，……现实所特有的一切特性都是强调方式；根据这种方式，有限使无限活跃起来”。社会组织的结合力依赖于行为模式的保持，文明的进步也侥幸地依赖于这些行为模式的变更。但是，作为我们理解经验的一个因素，当需要深入理解和更好发展时，一个单薄的模式可能会阻碍预想的实现。

主张与模式有联系，也有区别。主张是思想，模式是内容；主张是内核，模式是外形；主张蕴含于模式之中，模式彰显于主张之外。一般情况下，人们还是习惯于因循守旧，习惯于模式之中，因为模式凝聚着行为的适应，但这也恰恰限制了发展。当一个理论转换成教学上的模式（规定）时，就容易成为束缚我们思想的桎梏，“唯我独尊”就会变成成功的最大敌人。① 从某种角度理解，如果说模式属于普遍性，那么主张就属于创造性。主张是一种彰显、一种强调，不固化，不僵硬，既可以自身动态发展，也可以包容和接纳其他思想和做法。

当然，提出主张也是有一定的边缘和局限的。成尚荣先生认为教学主张是具体化的教育思想，是个性化的核心理念，是学科化的教学见解。鲜明的独特性是教学主张的主要特征。② 它是共性中的个性，反映了共同的、基本的教育思想和观念。当然，教学主张也应当是稳定的，那就是萧伯纳所强调的“感觉的强烈”和“信

① 竺美月.高中学生数学反思能力的调查研究[J].中学数学月刊，2007(7)：4－6.

② 成尚荣.徐斌“无痕教育”的主张与风格[J].中国教师，2017(19)：56－59.

念的坚定”。由此可见，所有的教学主张都不是万能的，不存在“一招吃遍天下”的特效，只是在“共性”基础上的“个性”呈现，其目的就是强调特质和彰显个性。

提出“疑趣课堂”的主张，将“疑”和“趣”结合起来，力求填补思维和情感相融的研究空白，旨在彰显和强调小学数学教学中的某些方面，即思维和情感。疑趣课堂不是唯一的，不是万能的，并不能解决小学数学课堂中的所有问题；疑趣课堂不排斥，不固化，不拒绝其他教学思想和策略的综合、科学、合理的运用，可以相互兼容，相互浸润；疑趣课堂不是改变儿童，不是让儿童适应数学课堂，而是让数学课堂适应儿童。疑趣课堂倡导的是在教师的指导下，以学习者为中心的学习，也就是说，既强调学习者的认知主体作用，又不忽视教师的指导作用。教师是学生学习的帮助者、促进者，而不是知识的传授者与灌输者；学生是信息加工的主体，是学习知识的主动建构者，而不是外部刺激的被动接受者和被灌输的对象。疑趣课堂期待积极影响一些人，促使其有所发展；但不消极干扰任何人，每个个体完全可以保持各自空间。①

第三节　疑趣课堂的重要依据

一、儿童本位与数学教育的必然选择

人的成长在儿童阶段体现着更多的“疑”。人在不同阶段表现出的探究欲望是不一样的，儿童时期对世间万物都充满着好奇，问题和疑惑充斥着生活，凡事都想探个究竟、搞个明白，这就是一种“疑”。这份疑惑中伴随着思维，随着人的成长，思维也在不断成长，即人的成长过程也是思维的成长过程。

人的成长在儿童阶段还体现着更多的“趣”。我们的人生往往和“童年趣事”联系在一起，这些趣事可能是轻松、快乐的，也可能是纠结、烦恼的。宫崎骏曾经写道：如果把童年再放映一遍，我们一定会先大笑，然后放声痛哭，最后挂着泪，微笑着睡去。数学学习过程也是如此，学习并不是一帆风顺的，有轻松，也有纠结，还有痛苦，尽管如此，经历学习之后获得的成长都是快乐、幸福的。

① 何永春.从建构主义谈“好课”的四个特质[J].江西教育，2019(20)：33－35.

数学教育是关于数学的教育,离不开作为科学的数学。张奠宙先生说过:“数学教育,自然是以‘数学’内容为核心。数学课堂教学的优劣,自然应该以学生是否能学好‘数学’为依据。”①数学课堂理应更多地关注数学的特质。数学的发展除去外部的直接需要之外,来自数学内部的问题也占有很重要的地位。数学学科内部的发展,依赖的是逻辑推理。所谓推理,就是从一个命题的“是否”判断到另一个命题的“是否”判断的思维过程。这一过程决定了数学是“疑”的。数学也是有趣味的,有许多的言论和实例说明了这点。数学家陈省身先生认为数学是“好玩”的,好玩的具体事物甚至是数学本身都会拨动学生的好奇心,激发学生学习数学的原动力。“中国数学科普三驾马车”之一的谈祥柏教授还出版了《好玩的数学》,题材广泛,妙趣横生,深受读者的喜爱;微信上也有专门的公众号“好玩的数学”,展现出了一个有趣、好玩、丰富多彩的数学世界。

史宁中先生也认为数学教育的一个基本任务就是把学科的数学转化为教育的数学。也就是说,除了要顾及数学的严谨性之外,还要尽可能地把大多数人认为枯燥无味的数学转化为大多数人认为相对有趣的数学。

可见,数学教育就像一枚硬币一样有着两面性,既有抽象、理性的特点,又有具体、感性的特点。小学数学教育的基本原理如同其他教育一样,在儿童时期应当是向心灵说清楚,但是不能有一点强迫性。让这时候的教育成为一种“娱乐”,这样你才能更好地发现孩子的自然倾向。

二、贤哲言说与课程标准的共同指向

“为学患无疑,疑则有进”是南宋哲学家陆九渊之言。孔子以“疑是思之始,学之端”为起点,以“知之者不如好之者,好之者不如乐之者”为指导,以“不愤不启,不悱不发”为支点,主张以激发儿童“愤悱”之情为破茧之口,教师采用不同的方法激起儿童的求知欲,达到王阳明所说的“今教童子,必使其趋向鼓舞”之境界,引导学生思考,从而达到开发智力、学会学习之目的。孔子的话不仅概括了“疑”和“趣”在学习中的作用,同时也解释了教育哲学的一组问题:人为什么需要教?人为什么可以教?人有满足自身好奇心的需要,因为对世间万物有疑惑,对对立问题有质疑,所以才需要教;同时,正因为人会对知识产生兴趣,乐于自主思

① 张晶.新课程下高一数学课堂有效教学的实践与研究[D].上海:上海师范大学,2010.

考，所以才可以教。

《义务教育数学课程标准》(2011 年版)的总目标结合数学教学的特点，用明确区分但又互相联系的文字强调了学生的思维和情感。课程标准明确提出基于"四基"的教学，在注重培养分析问题能力和解决问题能力的基础上，还要注重培养发现问题能力和提出问题能力。① 这里围绕关键词——"问题"来表述"增强能力"的课程目标，旨在以"疑"来提高学生的数学思维。教学过程中，教师要帮助学生积累思维的经验，逐渐形成自己的、合理的思维方法。课程标准的目标也体现了数学学习的情感需要。学生原本就对客观世界有浓厚的好奇心，数学教学应努力把学生的这种好奇心转化为学习数学的兴趣，让学生看到数学内在的本质和自身的魅力，以"趣"来培养学生良好的学习习惯和科学态度。

课程标准对兴趣和思维的强调是非常明显的。一是强调数学课程的设计与实施应该让学生乐意参与到数学学习活动中，并有更多的精力投入到现实的、有趣的、探索性的数学活动中。二是强调学生获得知识必须建立在独立思考的基础上。数学教学活动，特别是课堂教学，应激发学生的兴趣，调动学生的积极性，引发学生的数学思考，鼓励学生的创造性思维，让每一个儿童都参与课堂，并且乐在其中。②

三、造字之源与意义延伸的充分可能

如图1-2，"疑"的甲骨文像一个拄着手杖的人在十字路口迷路，发傻地张大嘴巴，困惑而不知所向的样子；金文增加了"止(脚)"和"牛"；小篆将张望之人讹作"匕"和"矢"，又省去"彳"，改"牛"为"子"，表示小孩迷路。儿童最喜欢刨根问底，最有好奇心，故而古人认为其"多惑"，造出"疑"这个字，就是从儿童的思维特性出发的。

图 1-2　不同字体的"疑"

趣，从走，取声，《说文》解为"疾也"，就是快走的意思，所以"趣"和"趋"是同义的。快走必有原因，古人认为一定有吸引你的地方，你才会"趋之若鹜"。这样，"趣"(趋)就演化为兴趣、趣味，成为一种心理特征。

---

① 石宝军.从"双基"到"四基"的发展探讨[J].读与写(教育教学刊)，2012(8)：227.

② 张晓刚.让数学课"好玩"[J].小学教学设计(数学)，2015(2)：1.

四、科学精神与人文精神的辩证统一

人本主义是与科学主义相对立的现代哲学思潮。到19世纪,实证主义诞生,科学主义取得了理论形态。几乎与此同时,费尔巴哈的人本主义也诞生了。人本主义讲人,讲的是个体的人,理性和感性相统一的人。人本主义理论十分注意人的个性,重视理性和感性的统一,注重人的个性发展。进而,当代教育开始呼唤两大精神:一是科学精神,二是人文精神。①

科学精神与人文精神又是辩证统一的。科学精神是人文精神的主旨,人文精神是科学精神的灵魂,它们彼此相互依存,不可分离,科学精神离开人文精神就无精打采,人文精神离开科学精神就无依无靠。从某种意义上说,如果科学精神的核心是"疑"的话,那么人文精神的核心就是"趣"。对小学数学教学而言,科学精神在某一方面体现的是思维、探究等,贯穿其中的就是"疑";人文精神在某一方面体现的是情感、价值等,贯穿其中的就是"趣"。科学精神与人文精神之间的关系及主旨恰与疑趣课堂所彰显的"疑"和"趣"相呼应。

五、认识方式与归纳方法的中西合璧

从东西方哲学角度来看,西方所说的归纳方法的外延是针对自然科学,强调从类中归纳出性质,从而得到命题,比如一些猜想。而中国所说的思维方法主要针对人文科学,因为问题错综复杂,所以强调借助性质归纳出类,从而得到这个类与其他类之间的区别。将东西方的思维角度、归纳外延结合起来,也就是把"疑"和"趣"充分融合。

在认识问题的方式上,东西方也是不一样的。柏拉图和亚里士多德强调的是论证问题的出发点,因此他们所说的"出发点"是具体的、明确的,比如等量加等量还是等量。老子强调的是认识问题的出发点,因此他所说的"出发点"是只能意会、不能言传的,比如永恒的道。这样,对认识问题的价值判断也就不同了,西方更重视合理和深刻,侧重"疑",中国更重视合情和意境,侧重"趣",因此就方法论而言,西方更侧重科学,中国更侧重艺术。在认识层面的中西合璧也是"疑"和"趣"的结合。

---

① 孙正聿.简明哲学通论[M].北京:高等教育出版社,2000.

第二章

疑趣课堂的基本概述

课堂是教师耕耘的责任田，更是学生收获的庄稼地。

疑趣课堂又是怎样的一块田地呢？

疑趣课堂是在小学数学教学中，以疑趣为统领，形成一种饱蕴疑趣的教学气象，让学生主动感悟疑趣、沉浸疑趣、享用疑趣的课堂教学过程。疑趣课堂的蓬勃生命力源于思维和情感两类因素，源于由疑得趣、由趣促疑两种过程的有机融合。其核心是思维，本质就是思维的挑战性和情感的生动性。疑趣课堂可以促进理性与感性的有机融合、思维与趣味的自然渗透、数学现实与儿童现实的和谐统一。本章将对疑趣课堂的定义、本质和价值进行阐述。

第一节　疑趣课堂的定义

同一座桥在不同人的眼里是不一样的。在普通人的眼中，桥是混凝土和铁的组合；在数学家的眼中，桥是按照机械学、数学和工程学定律大胆而精巧的配置。同理，相同的数学教学内容，在不同教学思想的指引下，呈现出的课堂气象也是不一样的。那么，疑趣课堂是怎样的呢？

疑趣课堂是在小学数学教学中，以疑趣为统领，形成一种饱蕴疑趣的教学气象，让学生主动感悟疑趣、沉浸疑趣、享用疑趣的课堂教学过程。

疑趣课堂中的“疑”，指向学生思维，是指学生在学习中因不能确定或无法解决问题而产生的困惑和疑问；它引领学生走向深度思维，是学生主动对问题带来的挑战作出的回应。疑趣课堂中的“趣”，指向学生情感，是学生学习中的兴趣爱好和快乐意味的体验；它有着强烈的吸引人的兴味，是思维的外在表现。

疑趣课堂追求智力因素与非智力因素的相辅相成，努力实现数学学习的认知过程与情感过程的和谐统一。疑趣课堂将“疑”和“趣”组合在一起，是指“疑”和“趣”相伴而行，相互支撑，相辅相成，立体交融，和谐共生。如图 2－1，疑能得趣，则是由疑生思，由思得趣；趣能促疑，则是由趣生思，由思促疑。疑趣课堂的蓬勃生命力就源于两类因素、两种过程的有机融合。

图 2－1　疑、思、趣的转化过程

疑趣课堂的核心是思维，其目标是提升学生的数学生活品质，包括学生对基本数学概念的理解、对数学思想方法的感悟、对数学特有思维方式的运用、对数学美的鉴赏、对数学精神（理性精神与探究精神）的追求等方面。

数学学习应该是生活的一部分，数学学习可以在生活中进行，数学学习也是为了更好地生活。因此，疑趣课堂就是让学生在疑趣中享受数学生活，使学生在更好地获得自由、尊重与生长的同时，达成数学素养的全面发展。

第二节 疑趣课堂的本质

在数学教学的实施过程中，一旦情感脱离思维，数学就会变得空洞；一旦思维脱离情感，教学就会变得乏味。数学的学科属性决定了学生的数学思维发展需要理性与感性的有机结合，数学课程标准也强调学生的思维与情感。“疑”是思维，是理性的，“趣”是情感，是感性的，因此相对于其他学科而言，“疑”和“趣”的结合更能彰显数学课堂的“个性”。

大脑是学生学习数学的器官，任何学习都离不开大脑的直接参与。美国神经生理学家斯佩里教授的“裂脑实验”表明，人的大脑具有不同分工，左半脑主管语言、分类、计算、逻辑等思维功能，右半脑主管直观、音乐等空间知觉功能。左右脑由两亿多跳神经纤维素——胼胝体进行沟通，从而让大脑左右两个半球相互配合、协同沟通，形成全脑认知。因此，从人脑的分工来看，其实质也是抽象与直观的统一、思维与情感的融合。①

脑科学研究表明，脑活动效率与学生已有的知识经验相关。创设与学生脑活动相适宜的情境，激发他们对已有知识的认知，激活脑的机能，能让学生在学习数学中获得大脑的支持。研究同时表明，人的大脑不可能始终处于注意力高度集中状态，而是有着特殊的节律。需要遵循学生的大脑思维节奏，唤醒学生的大脑思维，让其变得兴奋、活跃。②

从儿童心理学来看，儿童的思维特征正处在从具体形象思维向抽象逻辑思维过渡的阶段。瑞士儿童心理学家让·皮亚杰认为社会知识和逻辑数学知识主要不是通过他人来教，而是通过儿童“经历”后产生经验去学习的。儿童的感觉和知觉都特别敏锐，许多事物的发展都能吸引他们的注意力，表现为求知欲强、好奇心强。但是儿童阶段的注意力往往容易被分散，因此需要利用教学手段，结合生活实际，最大化地激发学生的求知欲。以求知欲驱动学习兴趣，以兴趣稳定

---

① 潘晓艳.基于“脑科学”的数学深度学习探寻[J].数学教学通讯，2018(34)：7－8.

② 同上。

注意力。①

认知是脑发展的自然机制，也是儿童心理发展的前提；情感是脑活力的必然因素，也是儿童心理的稳定剂。因此，疑趣课堂是将两者有机统一后形成的数学学习过程。在“疑趣”的课堂学习中，激活大脑思维潜质，激发心理学习之源；在“疑趣”的思维节律中，使大脑思维张弛有度，心理学习平稳过渡；在“疑趣”的深度思考中，打通大脑思维通道，优化心理学习结构。②

疑趣课堂的本质就是思维的挑战性和情感的生动性。在小学数学课堂教学中，教师面对的是数学和儿童；可以这样认为：数学本质上是思维学科，情感是儿童最好的学习润滑剂。疑趣课堂中的“疑”是学生主动对问题带来的挑战作出的回应，是一种深度思维。疑趣课堂中的“趣”关照儿童的年龄特征，指向数学学习过程中的情感体验，是可以表达、呈现出来的，是生动、形象的。

第三节 疑趣课堂的价值

一、疑趣课堂可以促进理性与感性的有机融合

理性与感性不是相互独立的，它们既有区别也有联系。间接的、抽象的理性依赖于直接的、形象的感性。深刻的道理往往是在那些感性简单的实例或原始的定义中得到的结果。

疑趣课堂关注学生数学学习的整个数学化过程，无论是从特殊中来，选择适切的生活实例引入数学学习，还是到一般中去，运用数学知识解决众多的数学问题，这些都是理性和感性的相互走向。疑趣课堂的这份关注，有效促进了理性与感性的有机融合。③

乘法分配律的教学，单从概念来看是不难的：两个数的和与一个数相乘，可以先把它们分别与这个数相乘，再将积相加。但对四年级的学生来说，这个概念

---

① 黄佩商.小学数学教育应充分认识与应用学生心理学[J].老区建设，2014(12)：61－62.

② 成尚荣.“疑趣”的内涵与价值[J].小学教学，2015(4)：53.

③ 李伟忠.追求情理共生的教学佳境[J].小学教学，2010(17)：38－39.

中有几个点需要一一击破：首先，为什么是“两个数的和与一个数相乘”？两个数的差、积、商与一个数相乘可以吗？通过验证，学生能够很快得知积和商不可以，而差可以。既然差可以，为什么概念中只提到了两个数的和，是概念表述不全吗？其实不是，因为差也是和，这一点学生不理解，可以怎么突破？其次，什么叫“分别与这个数相乘”？再次，“再将积相加”怎么理解？应该怎么相加？这些问题对四年级的孩子来说都比较抽象，需要一一突破，否则他们获得的乘法分配律的概念是零散的，也是不清晰的，必然会影响以后的学习。作为教师，必须站在理性的高度，引导学生对这些点逐个突破，帮助他们获得完整的数学概念。应该怎么突破呢？这时感性的设计就要介入其中，教师应该结合生活实际中的问题，通过创设问题情境帮助学生建立乘法分配律的基本模型，让他们在实例中感受乘法分配律的基本内涵，掌握其本质特征。另外教师还可以让学生利用学具摆一摆，边摆边思考，在动手操作中理解概念的内涵。

理性与感性的有机融合，可以让学生更加科学、清晰地看待数学知识及数学与外界事物的联系。笔者有幸于2019年参加了由上海市教委组织的“基础教育优秀校长和教师专业能力提升与教学实践项目”，在英国访学八周。其间旁听了博尔顿大学的中小学数学教师职前培训，授课教师在教学中也提到了生活与数学的关系。她认为，同一件事，数学解决和生活实际解决是不一样的。事实上也是如此的。比如买瓷砖铺地，数学上往往用大面积除以小面积，算出多少块，而生活实际中，在测量算出需要多少块的基础上，还会增加几块。再如三人一起吃饭如何付钱，去商场应购买哪种容量的洗衣液。

在疑趣课堂的教学过程中，教师会提供机会让学生进行质疑，通过引导学生对书本知识与生活实践的差异、解题的方法、数学知识的应用等进行质疑，提高他们的批判性思维能力，这也是理性的一种具体表现。

在教学小数的“凑整”时遇到这样一个问题：王阿姨买了3.5千克香蕉，香蕉的价格是每千克4.99元，一共用去多少元？列式计算：$3.5\times4.99=17.465$元。对于这样的结果，应该保留几位小数呢？教师可以引导学生讨论：有的学生认为按照人民币的单位应该保留两位小数；有的学生认为生活中付款时已经不用分作为货币单位了，所以应该保留一位小数；还有学生认为可以用微信和支付宝付款，所以还是应该保留两位小数。于是就出现了支持用现金付款的学生和支持用移动支付方式付款的学生争论的场景，我们认为这样的讨论甚至争论是有意义的，能够让学生知道怎么用数学知识去合理地解决生活中的实际问题，从而培养质疑能力和批判性思维。

这些感性的素材和数学活动的设计，不仅能提高学生学习的兴趣，更能帮助学生理解数学的本质知识，同时有效地促进了理性和感性的有机融合。

二、疑趣课堂可以促进思维与趣味的自然渗透

思维与趣味关系密切，思维的训练和发展可以提升学习、探究的兴趣，趣味可以摩擦出思维的火花。疑趣课堂就是学生真实思维和真切情感的领地。

数学知识本身是枯燥的，对思维水平尚处于形象思维为主、抽象思维为辅的小学生来说，如何从其兴趣点出发，设计出生动有趣的数学活动，从而引导他们积极参与课堂教学，提高探究欲望和探究能力，实现趣味教学，是疑趣课堂的一大特点和不懈追求；而更为重要的，也就是疑趣课堂的核心，是提升学生的思维力，引领学生走向深度思维。疑趣课堂就是在不断地设疑、生疑和释疑的过程中，通过丰富的数学活动，激发学生思维的火花，使他们在思维的碰撞中学会思考，感悟数学的本质和价值。

一年级的"几时、几时半"教学，是学生初步认识时间、建立时间单位的有效尝试。在学习本课之前，学生已经认识了钟表，知道了钟面上三个针之间的关系，为本节课学习整时和半时进行了铺垫。黄保香老师在设计教学时，通过创设"小胖的一天"的生活情境，激发学生学习的兴趣，然后通过起床、上学、吃午饭、做游戏、放学、吃晚饭、睡觉等几个重要的时间点，让学生经历看一看、想一想、说一说、拨一拨、议一议等活动，引导学生逐步归纳和总结钟面上几时和几时半的特征，从而学会准确地认读钟面，掌握几时和几时半的认读方法。在整堂课的学习中，学生在教师循序渐进的问题串的引导和启发下，通过交流和操作，不断地发现问题，归纳总结，寻找规律，最终达到掌握知识的目的。这一过程中，学生的学习是主动的，思维是敏捷的。

这节课还有一个问题容易被大家忽视，就是几时和几时半之间的联系。学生通过观察可以知道：钟面上显示 7 时时，时针指向 7，分针指向 12，而显示 7 时半时，时针指向 7 和 8 的中间，分针指向 6，这两者之间有什么联系呢？为什么 7 时半时时针指向 7 和 8 的中间，分针指向 6 呢？这个问题抛出来后，黄保香老师先让学生通过学具钟面拨一拨，然后小组交流寻找规律。学生在拨

钟面的过程中会逐步发现，钟面上时针走一大格，分针走一圈，而时针走半格，分针走半圈。所以如果学生从 7 时整开始拨钟面，当时针从 7 走到 7 和 8 的中间(半格)时，分针一定是从 12 走到 6(半圈)，这既印证了上节课学的钟面上时针走一大格是一小时，分针走一圈是一小时的结论，也让学生知道了几时和几时半之间的联系，拓宽了学生的思维，提高了他们的思考能力。

“周长”的教学内容是在学生认识了三角形、长方形、正方形、正多边形等平面图形的基础上展开的，是后面学习长方形、正方形的周长计算方法的关键。如果学生对周长没有清晰而正确的理解，必将为后面进一步学习周长的计算埋下隐患。而三年级的学生对周长的概念只有一点点感性的认知，会把周长理解为边长等，让学生理解“封闭图形一周的长度叫周长”也有一定的难度。什么是一周？一周和周长有什么区别？学生的认识是模糊的。另外，学生还容易把图形的大小和周长混淆起来，得出一些不正确的结论。因此在设计本节课的过程中，教师可以利用教材中提供的素材，通过创设“蚕宝宝绕树叶爬一周”的情境引入教学，这样可以引起学生学习的兴趣，使他们在对蚕宝宝爬的路径“纠错”的过程中认识“一周”的含义，为学习“周长”打下基础。然后引导学生通过描一描、摸一摸、指一指等数学活动，拓展对“一周”和“周长”的感性认识，建立丰富的表象，知道“一周”并不是“周长”，“一周的长度”才是“周长”。另外还可以通过多媒体演示，将树叶的一周拉直，量出线段的长度便是树叶的周长，让学生在直观上感知“一周”和“周长”的区别，体会周长就是长度，是一个一维的概念，从本质上理解周长的含义。这样的活动设计与素材的选择充满趣味性，不仅激发了学生思维的发展，也使学生在思考问题的过程中提升了学习的兴趣，达到了思维发展和趣味提升的和谐统一。

三、疑趣课堂可以促进数学现实与儿童现实的和谐统一

儿童的世界是经验、直觉和形象的世界；但数学无论怎么转化，其价值都在于高度形式化、高度抽象化及高度理性化。在小学数学中，最大的差异就是“儿童”和“数学”的差异，要从学生基点和学科视域出发，在儿童和数学的差异中寻找一条平衡之道。①

---

① 季国栋.让数学和儿童彼此亲近——小数还可以这样认识[J].小学教学，2017(12)：59－60.

以“小数的初步认识”为例，改变以往仅从知识的发展历史来组织教学的唯一角度，转变为根据儿童的生活现实和数学现实来构建教学，从以下四个方面来帮助学生认识小数，能更好地实现数学现实与儿童现实的和谐统一。

1. 在认识分数前认识小数

绝大部分小学数学教材中，都要求学生先学分数再认识小数。这固然与人类创造和认识数的发展历史相吻合，但是否可以先认识小数再认识分数呢？

这是一个基本事实：在上学以前和学校以外，世界上几乎所有儿童都已具有一定的应用数和量的能力以及一定的推理能力。因此，在学生正式学习分数和小数之前，笔者进行了如表 2－1 所示的调查，发现认识整数的学生是 100%，见过小数的学生在 60%以上，见过分数的学生不到 30%，见过负数的学生在 40%以上。可见，儿童在生活中见到更多的是小数而不是分数，且接触频率远远高于分数。

表 2－1　数的调查

生活中的数	打“√”
0、1、2、3…	√
0、3、1.50、2.05…	√
$\frac{1}{2}$、$\frac{2}{5}$、$\frac{3}{4}$…	
－1、－2、－3…	√

这样的数你在生活中见过吗？在见过的数后面打“√”。

任何学科教学都需要兼顾学习者的现实和学科的现实，小学数学教学也需要达成数学现实与儿童现实的和谐统一。理解难度大的，就偏向儿童现实，与其选择严谨的，结果难以理解，还不如选择不严谨的；反之，则偏向数学现实。小数的初步认识，是儿童第一次对其实际意义的理解，有一定的难度，所以选择贴近儿童是明智的选择——可以让学生在认识分数前先认识小数。

2. 在认识前进行创造

随着社会的发展，对度量精度的要求逐渐提高，反映在数学上，就是对数量表示的精确程度的要求提高。刚开始，人类只能用整数表示数量，继而在所表示的数量的末尾附注“有余”“有奇”或“强”“弱”等字样，以表示该数量与实际量之间的差异；当需要用数来比较精确地表明这种差异的时候，就出现了表示不足整数的剩余部分的数——分数和小数。概念的产生可以分为两种：第一种是基本概念，这种概念直接从感觉和活动经验中得来；第二种是高级概念，它是从其他概念中抽象出来的。显然，小数属于第一种基本概念。因此，在学习小数的概念时，应该让儿童亲历认识过程。

图 2-2　填写“标价签”

学生此前学到的“数字”概念是表示一组物品的个数，他们曾在早期的数数活动中积累了足够多的认识。当学生面对如图 2-2 所示的困境时，数的概念将不得不改变、扩大，并进一步发展。学生通过独立思考、小组讨论，创造了许多表示日记本价钱的新数(如图 2-3)。虽然有些数并非现在使用的小数，但也是人类创造小数进程中产生的一些数，对儿童认识小数同样有着重要的意义。

尽管有些学生在生活中已经见过小数，但教师并没有从直接出示小数开始，而是让他们创造出小数，可谓“欲擒故纵”。这种构造的思路可以让学生产生从整数到非整数的认知冲突并设法创造新数，实现对数的概念的认识从整数思维到小数思维的飞跃。这个过程中，学生既明白了从“整”到“不整”，需要产生新的数，又突破了在数的认识上的极限，创造出了小数，进而体会到数学知识是可以自己创造的，因此很容易就会对数学产生亲近感。

图 2-3　学生板书

3. 基于生活现实来认识

众所周知，数学和生活密切相关。我们不能简单地把儿童的生活与数学分割开来，而且儿童生存的生活现实比数学这一科学更为复杂。可以说，借助种种知识构成的复杂现实就是生活。基于这个观点，数学与儿童的日常生活不是分别存在的两个领域，在现实中是整合在一起存在的。

所以，儿童认识小数，就是认识生活中关于小数的经验世界，就是参与这个世界并与生活多样现象形成紧密关联。

其一，带着计量单位来认识。小学中两次认识小数的程度和途径都是不一样的。初步认识是通过计量单位实现对小数实际意义的理解，再次认识是通过计数单位实现对小数数学意义的理解。初步认识就应该选择常见的、直观的、应用广泛的现实模型。先以学生生活中最熟悉的元、角、分为背景，建立起元、角、分与小数之间的联系，帮助学生初步理解表示单价的小数的实际意义，然后迁移到长度单位，建立起长度单位与小数之间的联系，进一步理解小数的实际意义。

其二，多位小数一起认识。有些教材在“初步认识小数”教学中只编排认识一位小数，这是比较局限的，因为生活中孩子看到的不仅仅是一位小数，还有两位、三位小数。因此，虽然是初步认识，也应该让不同位数的小数都呈现出来。这样处理不仅基于生活，更能帮助儿童整体地认识小数。

其三，对小数中“0”的认识。小数中的“0”在不同位置上，其作用和意义也是不一样的，中间的“0”不能省略，末尾的“0”可以省略，这些内容尽管不在初步认识的要求之列，但在日常生活中有着广泛的应用，是孩子们经常遇见的。因此，在初步认识小数时可以出示不同的标价签（如图 2－4），让学生进行比较、判断。不求深刻认识，但求孩子们在生活中不会感到迷茫和困惑，比如：见到“0.5 元”和“0.50 元”时，知道是同样的价钱，只是写法不同；见到“1.02 元”和“1.2 元”时，则明白其大小是不一样的。

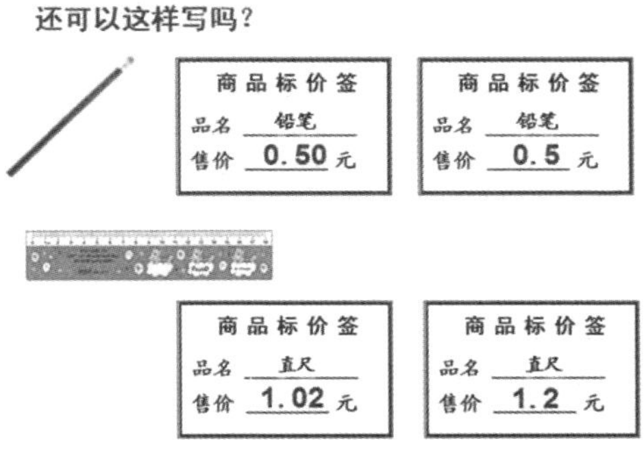

图 2－4　铅笔和直尺的标价签

儿童在日常生活中会遇到各种数学现象和数学问题，因此他们需要结合数学课堂教学中学到的数学知识，不断地同化、顺应，并获得内化，从而形成属于自己的数学认知结构。

4. 利用历史素材来认识

我们不难发现,每一个数学知识的产生、发展与运用无不与人类对世界的认知体验有关,而且往往呈现出从随意逐渐走向严谨、从混乱逐渐走向统一、从经验逐渐走向科学。

这一规律给我们教育者带来了一些启示。一是儿童学习数学知识伊始,可以让学生在情境中根据解决问题的需要自创属于自己的知识,再在交流讨论中形成统一。前文提及的儿童自己创造出小数的过程便是如此。二是个体的学习过程往往类似于人类知识形成的过程,有一定的复制性。对小数的认识,可以让儿童通过历史素材或改造过的历史素材进行学习。

如图 2-5,出示“小数点的由来”,让学生把自己能看明白的书写形式解释给同学听。学生在解释“余”“◦”“①②”及空格时,既进一步认识了小数表示的实际意义,理解了相邻数位之间的 10 倍关系,又体会到小数点能够把整数部分和小数部分很清晰地分隔开来,还感悟到虽然这只是一个小小的点,但经历了从繁到简、从无到有的漫长过程。

小数点的由来

15余15元	发明:《丁巨算法》公元14世纪
15　15元	发明:阿尔·卡西(阿拉伯)公元15世纪
15①1②5元	发明:斯台文(荷兰)1585年
15◦15元	发明:布尔吉(瑞士)1592年
15.15元	发明:克拉维斯(德国)1593年

图 2-5　小数点的由来

对历史素材的使用,不是完全复制,而要基于儿童进行调整和选择。历史素材的使用不仅仅是为了让学生容易了解,更重要的是为了加深他们的理解。

第三章

疑趣课堂的实施路径

路径在不同的领域有不同的含义。

课堂教学的实施路径是有方向、有过程、有特征的。

疑趣课堂着眼于学生基点和学科视域，在儿童和数学的差异中寻找一条平衡之道，引领学生在数学学习过程中享受真、善、美的品质生活。疑趣课堂聚焦一个核心，即思维；指向两个维度，即思维和情感；突出四个特征，即趣味性、灵动性、生成性、开放性。本章将对疑趣课堂的实施路径进行具体阐述。

第一节　聚焦一个核心

学生在疑趣课堂中的数学学习，往往需要经历这样的过程：一是从疑中得趣，就是由疑惑产生思考，在思考中得到解答，体验着豁然开朗的乐趣；二是从趣中促疑，就是对感兴趣的事物产生关注，在关注中引起思考，形成更多的疑惑。

我们从中不难发现，无论哪条路径，中间环节都是学生的思考，可见疑趣课堂的核心就是思维，再加上疑趣课堂的本质之一是思维的挑战性，所以疑趣课堂中引发学生的思维不是浅层次的，而应该是深度思维。

对深度思维的认识和理解，可以借助一次研讨活动来阐述。研讨活动的主题是“让学生的深度思维悄然发生”，本次论坛由笔者主持，“小学数学疑趣课堂的理论与实践研究”课题组主要成员参与本次讨论，具体内容整理如下。

李国栋：我们今天微论坛的主题是“让学生的深度思维悄然发生”，这是我们课题研究的一个关键点。在此，我们首先要直面“深度思维”这个概念，每个人请用一句话来表达你对“深度思维”的理解。

陈兴中：我认为深度思维是学生站在原有的思维起点上进行再发展的思维过程。

宋喜艳：深度思维是学生在深度理解的基础上所进行的一种自主思维方式，这是一种发生在高阶水平认知层次上的心智活动。

李开通：深度思维应当是立体的，既要有力透本质的深度，也要有相互关联的广度，还要有超越一般认识的高度，是相对完善的高层次思维体系。

陈　翔：我认为深度思维“深”在内涵与本质，“深”在过程与方法，我们不仅要知其然，更要知其所以然，其核心特征应该是“理解”。

黄保香：深度思维是一种可以透过现象看本质的思维方式，具有深度思维的孩子无论在知识信息的加工还是概念的理解与运用上都会有自己独到的见解。

李国栋：大家对“深度思维”的理解各有不同，相同之处在于思维的空间性，尤其像陈兴中老师所说，基于孩子们的已有认知。不管深度思维深在何处，它总有一个起点,也有一个终点,这些都需要我们去把握。我们常常会形成一个误解,深度思维等同于解决难题。对于这个问题,在座的哪位可以从实践角度作出解答?

黄保香:我觉得解决难题需要深度思维,但是深度思维不等同于解决难题。我举个例子,沪教版三年级的“植树问题”,大家都知道植树问题有三种情况,这三种情况可以衍生出七个数量关系。为了让大家听得明白一点,我在黑板上画一画。(边作图边叙述)

我在教学这个内容的时候做了一些不同的尝试,渗透“一一对应”的数学思想。我是分三步走的,第一步是让学生对照着图数一数,“一棵一段、一棵一段、一棵一段……”学生数着数着就会发现棵数与段数有时一样,有时不一样;第二步是说一说,让学生回忆刚才数的过程,再用自己的语言把这三种情况的几个关系说出来;第三步才是写一写,让学生把这三种情况的数量关系用自己的方式写出来,写完后再和老师的方式进行对比,最后用这几种关系去解题。这一系列的数一数、说一说、写一写的数学活动,可以从不同层次帮助学生实现对植树问题的建模。我发现学生通过这样的学习之后,在很长一段时间内都能较好地再现这个学习过程,找到三种情况的不同的数量关系进行解题。所以我觉得在教学中渗透数学思想,孩子理解得深刻,思维就逐渐走向深度了。

宋喜艳:我认同黄老师的观点。在黄老师说的过程中,我联想到了转化思想、数形结合思想、有序思考等,这些数学思想对孩子掌握数学知识、发展思维,甚至是“让学生的深度思维悄然发生”,都起着非常重要的作用,教师应该在教学的过程中逐步渗透。我相信,这些数学思想的渗透会帮助孩子们获得不同层次的思维发展,不同的孩子会有不同的体验、不同的收获。以上是我想补充的内容。

李国栋:黄老师的讲述和宋老师的补充都非常好,都表达了同一个观点——借助数学思想在教学中的渗透让孩子的深度思维悄然发生。

李开通:黄老师刚才讲得非常好,是从数学思想的角度来讲的,而且我从他的发言中感受到数学课标所倡导的基本理念——“人人都应该获得良好的数学教育”。深度思维对学生数学学科核心素养的提升以及学生自身的成长发展都具有重要作用，它不是一小部分学生的专享，我们应该让更多的学生在深度思维的体验感悟中，获得思维上的成长。

在数学课堂上，深度思维的发生往往由一个或一组问题引起。而且当下，我们的教师也比较重视问题引领式的教学，但我觉得我们更应该关注问题的质量而不是数量。数学界泰斗顾泠沅先生在《寻找中间地带》一书中，记录了这样一个让我印象深刻的例子：在一堂几何课上，教师一共提了105个问题，数量之多连任课教师自己也不敢相信，可以算算看，这是多么高密度的提问，这当然是不可取的。从深度思维的广度来看，好的问题应该基于儿童的认知立场，引领孩子在深度思维的体验、反思中感受数学知识的深刻内涵。例如，我们可以在思维的发散处追问。举个例子，在“周期问题”的教学中设计这样一个周期问题：“○○□□○○□□……第23个是什么图形？”学生通过观察、操作等活动，一般都能列出除法算式“23÷4＝5(组)……3(个)”得到答案。如果这时候我们的教学再开放一点，可以追问：“再想想看，在这道有余数的除法算式中，你觉得哪个数最重要？”孩子们在课堂上对这样的开放性问题是很感兴趣的，他们重新审视这个算式之后，思维一下子就打开了，纷纷举手，当场争辩起来。一个学生说：“我觉得3最重要，这样就知道是什么图形了。”另一个学生马上站起来说：“我觉得4最重要，周期都不知道，怎么算答案？”还有一个学生马上举手说：“我觉得23最重要，如果总数不一样，算出来的答案就不一样了。”还有一些孩子也表达了自己的想法。印象中还有一个孩子感慨道：“我怎么忽然觉得这个算式中的每个数都特别重要？”孩子们就这样用儿童化的语言表达着他们的想法。

这个问题并没有标准答案，却给了孩子们一个思考的空间，数学的道理往往就是这样越辩越明的。在这个过程中，学生不仅对每个数所表示的意义有了更深刻的理解，还在不知不觉中明晰了这个算式中数与数之间的相互关联，从而使思维走向原本达不到的深处。以上就是我的一些浅薄的见解。

李国栋：刚才开通老师表达的观点是在思维发散处追问，让思维在广度上发展，看来广度也是另一个方向的深度。其他老师还有哪些方面的实践想要分享？

陈兴中：我的观点是通过构建知识整体性的关联来促进学生深度思维的发展。五年级“平面图形面积”复习课上，我引导学生利用思维导图来构建平面图形面积的整体知识网络结构，并在这个过程中对学生提出两个要求。第一个要求是“是什么”，第二个要求是“为什么”，“是什么”就是掌握相应的公式，“为什么”就是要呈现它的推导过程。除此之外，我还让学生思考：根据梯形的面积公式还能推导出哪些图形的面积公式？如果把这个梯形的上底延长到跟下底一样长的时候，它就变成了一个平行四边形，这时候上底等于下底，就能够推导出平行四边形的面积公式；同样，把梯形的上底缩短到零的时候，它就变成了一个三角形，这时候就能推导出三角形的面积公式。

这样的教学虽然比较耗时，却很有价值。将孩子们从三年级到五年级的知识串起来，这是一种正向的构建过程。另一种就是从梯形到平行四边形再到三角形的逆向构建。将这些知识进行整合，可以提升学生的空间想象能力、逆向思维能力、公式推导能力、数学思想转化能力，使学生的思维逐渐走向深处。

陈　翔：陈老师刚才讲到的知识点之间的沟通联系，也让我想到了自己的一个教学案例。我们在让学生探究长方形周长计算方法的时候，常会鼓励学生将算法进行多样化。我们会得到三种算法——$a+a+b+b$、$2a+2b$ 和 $2(a+b)$，也允许学生先用自己喜欢的方法去计算，然后在后续的计算过程中再进行算法的优化。我正是以这三种算法作为铺垫，让孩子们进一步思考它们的区别和联系。区别在于算法不一样，联系在于计算的都是长方形的周长；而最关键的是如果从计算层面来解释公式，那就是一种简便运算，而简便运算的道理却是长方形的几何特点所决定的，这样就架构起了式子和图形之间的联系。

成尚荣：听了大家的发言，我收获非常大，同时也产生一个问题，让学生的深度思维悄然发生，为什么一定要强调“悄然”呢？如果我不“悄然”行不行呢？你们是怎么理解“悄然发生”的？

季国栋：看来我们的讨论也引起了成尚荣先生的“深度思维”，这一连串问题的核心就在于考量我们对“悄然”的理解。

陈兴中：成老师，您好！我理解的“悄然”就是“润物细无声”，慢慢地引导孩子走向深度思维。

宋喜艳：“悄然”是指这种行为不是教师刻意为之，但也在教师的预设之中，通过我们的预设让孩子不知不觉中沉浸在这种深度思维之中。

成尚荣：如果不是预设呢？

宋喜艳：所以我觉得教师必须要有很强的基本功，对上课过程中出现的预设之外的生成要及时地抓住，作为很好的教学资源，处理好这个生成。

黄保香：我们教学上讲究教学无痕，就是不让深度思维生硬地产生，也不能强硬地要求它产生，要让它由浅入深地、自然而然地发生。

李开通：我和刚才几位老师的想法是比较相似的。思维不是逼出来的，而是在不知不觉中生成的，让学生多一些比较，在比较中体会、感悟，“悄然”就是一种无痕的、自然的状态。

季国栋：“悄然”是有区间的，应该在孩子思维的最近发展区内，可以不走寻常路，而这段路需要教师的引导、陪伴和帮助。关于“悄然”的话题好像发生得有点不“悄然”。（众人笑）

成尚荣：我认为是悄然的。

季国栋：是的，成所在提醒我们悄然的出现并不是顺其自然、悄无声息的，而是可以设计的，通过设计点燃孩子的思维火花，引领孩子走向深度思维，这样的生成理应也是一种悄然。我们应该要把热烈的掌声送给我们尊敬的成所，感谢成所！（全场掌声）

宋喜艳：小学生的思维一开始是直观表象的思维，然后慢慢地向抽象的逻辑思维发展，在这个发展的过程中，我觉得有效的动手操作是促进学生思维发展的一种非常重要的手段。心理学家皮亚杰说过：“思维就是操作，思维是内化的动作在头脑中进行。”所以我也结合有效的动手操作举一个例子。

在教学“长方形和正方形的面积”时，与有些老师不一样，我并没有给学生足够多的单位面积的小正方形，而只给孩子们准备了边长为 1 厘米的 10 个小正方形以及三个不同尺寸的长方形——第一个比较小，长 4 厘米，宽 2 厘米，第二个大一点，长 5 厘米，宽 3 厘米，第三个非常大，长 15 厘米，宽 7 厘米——让他们自主研究长方形面积的计算方法。

对于第一个长方形，孩子们往往会用手头的小正方形去铺满，并在铺的过程中发现每行铺了 4 个，铺了 2 行，从而得出它的面积为 8 平方厘米。但是到了第二个长方形的时候，如果铺满的话，学生会发现 10 个小正方形已经不够了，于是引发了不同层次的思考。有的学生直接举手示意“老师,我的小正方形不够了”,有的学生想到“我有10个,我的同桌也有10个,我们两个人合作也能把它铺满”,还有的学生想到“其实每行铺的数量是一样的,我不需要借助别人的帮助,只要铺出一行和一列,也可以得到这个长方形的面积”,孩子的思维在不同的动手操作的过程中得到了不同的发展。而到了第三个长方形,因为尺寸很大,不管是同桌合作还是铺部分,学生发现手头的小正方形都不够用,这就逼着他们去思考。于是,有孩子先把一行铺满,知道需要15个,然后拿掉再铺列,知道需要7个,从而计算出这个长方形的面积;也有孩子想到一个都不铺,只需要用尺子去测量一下它的长和宽,因为铺也是在测量。可见,孩子的思维已经很有深度了。

从“全铺法”到“半铺法”再到“用尺量”,是孩子思维不断递进的过程。我相信在这个手脑并用的过程中,在这个多感官参与的过程中,学生知其然也知其所以然,深度思维就悄然发生了。

陈兴中:宋老师,我想在这里补充一点。除了几何教学之外,我们在计算教学中也经常会用这样的学具,比如双色片、计算条、小棒,让学生通过动手摆一摆明白这个算理,目的就是要让学生从表象思维逐步走向抽象思维,让他们的思维不断走向深处。

宋喜艳:兴中所讲又让我想到了苏霍姆林斯基的一句话“当知识与动手操作紧密联系在一起的时候,深度思维才能成为孩子学习生活的一部分”。

陈　翔:喜艳,我继续围绕你这节课来谈一谈我的想法。我们都知道“长方形和正方形的面积”是一节经典课,这节课的教学重点就是引导学生充分经历长方形、正方形面积计算方法的推导过程,并在这一过程中帮助孩子进一步理解面积的本质含义。在这儿,我也想问问在座的老师,我们教材中是如何对面积进行定义的?

台下教师:面积就是平面图形的大小。

陈　翔:平面图形的大小叫作面积,这是我们小学数学教材中对面积的一种定义。但是,我们敬仰的张奠宙教授并不这么认为,他说这不是严格意义上的定义,只是对面积的一种描述。那么,到底什么是面积呢?

我们再来看一看宋老师提供的板书,学生充分经历了从“全铺法”到“半铺法”再到“用尺量”的操作过程，教师的目的很清楚，就是要让孩子们明白长方形里面含有多少个1平方厘米的小正方形，面积就是多少平方厘米，面积指包含面积单位的个数。张教授还提出长度、面积和体积都是几何度量领域的概念，它们都具备三个最基本的特征，分别是“有限可加性”“运动不变性”和“正则性”，在此，我对这三个特征不作解释。既然面积是含有多少个单位面积，那长度呢？体积呢？

学生从学习线段到学习面积再到学习体积，整个过程可以说是一次空间认知发展上的飞跃。这种飞跃体现在度量对象由一维空间的线到二维空间的面再到三维空间的体，而我们相对应的度量单位由原先的线段到正方形再到立方体，三者的基本学习方法是不变的，首先要确定度量单位，然后看度量对象里含有多少个度量单位，最终在这个基础上帮助学生建立计算公式的数学模型。我觉得，如果所有教师在教学过程中引领学生感悟度量的本质，积累度量的活动经验，经历这样的思考过程，深度思维就一定会真正发生。

季国栋：有了“真正”一词，真正发生也包含在悄然发生里，深度思维一定是真正的思维，而且首先是真正发生的思维。

黄保香：我赞同陈老师的观点。概念教学确实需要我们老师去想方设法地帮助学生理解概念的本质属性，陈老师的观点就是要直达数学的本质。这对教师提出了更高的要求，如同季校所言“教师要有一双透视眼”，才能看清数学的本质。

陈　翔：是的，学生深度思维的悄然发生，体现着教师对数学本质的精准把握，体现着教师专业成长的核心素养，也体现着教师的教学智慧。我不由得想起尊敬的成尚荣先生的教育大智慧——儿童立场。在这里，我也想借用成先生的一段话来总结并以此来共勉：“我们要在思维的价值中追索儿童立场，思维要是沸腾了，学习生活便会沸腾，于是美就来到我们的课堂，来到我们的儿童心灵，儿童是美的，我们的教育便是美的。”

季国栋：几位老师都说得非常好，我略作梳理。前面四位老师都是从学生学习的角度来谈的，借助数学思想、核心问题、构建关联、动手操作来让孩子的深度思维悄然发生，陈翔老师则从教师角度，提出我们数学教师要具备一定的学科素养。大家的发言在一定程度上解答了三个问题：什么是“深度思维”，“悄然”是一种什么状态,以及如何让学生的思维走向深度。我还发现台上老师的情商很高,提到了亲临现场的顾泠沅先生和成尚荣先生,那么,我也借此进行总结——顾泠沅先生代表的是学科本质,成尚荣先生代表的是儿童立场,如果我们每一位数学教师都能把这两个维度做好,那么学生的深度思维必然会悄然发生。谢谢!

由此,我们不难发现,深度思维不是简单地提取记忆,也不是一成不变地走寻常之路,而是基于起点,深在最近发展区(适度性),是对知识本质与内涵的深刻理解,是对过程与方法的准确把握,是自主思维方式、高阶水平认知层次的心智活动。

第二节 把握两个指向

疑趣课堂指向学生的思维,同时也指向学生的情感,是思维与情感的融合。思维与情感相结合是儿童学习数学的秘密,而且是核心的秘密。

一、疑趣课堂指向思维

数学是一切科学技术的基础,一切的科学都是通过数学计算来发现并解决问题的。虽然数学知识是有限的,但推动数学发展的思维是无限的,所以数学的发展与思维有着密切的联系。从诞生那天起,数学就与思维结下了不解之缘,创造数学、构造数学、学习数学、研究数学都是思维的过程。人的成长过程也是思维发展的过程。每个人在丰富多彩的现实生活中,都一直在运用自己的思维和相关的数学方法认识、利用、改造这个世界,儿童也不例外。

因此,在儿童时期进行的数学教育,理应把发展儿童的数学思维放在首位,这是数学教育的基本目的。对数学思维的深刻理解,必须经历一番深沉的思索。当然,这种思索不应该是枯燥无味的,它应该充满机智、幽默和创造的活力。培养数学思维也是实现数学素养发展的基本点,学生的思维需要深层的交流和碰撞。在生动有趣的课上,在争论富有吸引力的问题时,思维活动一旦开始,便不再受外界干扰。

二、疑趣课堂指向情感

数学学习中的情感既有普遍意义上的欢快愉悦，也有其特别之处，那就是更多时候并非以情带知，而是以知怡情。喜欢数学的人往往不是因为觉得数学容易、简单，而是因为通过艰辛的付出攻克许多问题后获得快乐才产生持久的兴趣。

数学学习的独特就在于：它是一种新的精神，不是与生俱来的，而是一种后天养成的理性精神，它与原始人类普遍持有的宗教迷信，或者说对大自然的敬畏心理是直接相抵触的；它是一种新的认识方式，是客观的研究，与所谓的“天人合一”“天人感应”形成直接的对立；它是一种新的追求，超越现象，以认识隐藏在背后的本质，需要知道“是什么”和“为什么”；它是一种不同的美感，罗素曾用“冷而严肃的美”来形容数学；它是一种深层次的快乐，是由智力满足带来的快乐、成功以后的快乐；它是一种新的情感，超越世俗的平和；它是一种新的性格，善于独立思考，不怕失败，勇于坚持……

疑趣课堂是从“设疑”出发，让学生经历“生疑”和“释疑”不断循环、螺旋上升的学习过程，也是学生认知不断突破和上升的过程。“生疑”源于求知欲被激活，其关键表现是发现问题、提出问题，而这恰是目前小学数学教学所缺失的；“释疑”的关键表现是分析问题、解决问题。

疑趣课堂也是“情趣”和“理趣”相互交融，进而让学生走向“志趣”的过程。数学学习是数学化的过程，也是感性与理性相互转换的过程。数学学习从现实原型抽象出相应的数学问题，再通过纯数学的内部研究，高层次数学化之后运用数学理论解决现实问题，实现数学的实际应用。从某种角度来说，可以把从现实到数学理解为从感性到理性，数学内部的研究和发展则是从理性到理性，数学的应用则又是从理性到感性。因而，数学学习中，在从感性到理性、从理性到感性时应让学生拥有情趣，在理性内部发展时应让学生拥有理趣。有情趣而无理趣的课堂，失之浅薄；有理趣而无情趣的课堂，失之枯燥。情趣和理趣是学习的双翼，可以让学生飞得更高更远；情趣和理趣更是编织的艺术，是一种交融和谐的美。

第三节　突出四个特征

任何一堂数学课的教学都需要设计,疑趣课堂也不例外。而且,疑趣课堂需要更为精心的设计,不是生硬、刻意的,而是自然、流畅的。最好的设计是没有痕迹的,这样的课堂才有张力、有节奏、有韵味。疑趣课堂的本质是思维的挑战性和情感的生动性,设计目的就是彰显其本质,让学生学习的思维和情感浑然交融。情感的生动就在于有意思、有味道,体现在趣味性和灵动性;思维的挑战就在于深度和广度,体现在生成性和开放性。

一、趣味性

疑趣课堂的一个显著特征就是具有趣味性。教师教得兴致勃勃,学生学得趣味盎然。趣就是有吸引力,就是有意想不到的效果,就是有无穷的乐趣,就是乐此不疲、酣畅淋漓的感受。这份趣意不是为了简单地吸引别人,而是趣中有疑,释疑得趣,疑趣相融。这样的趣味性贯穿课堂教学的始终。①

疑趣课堂的趣味性在于教学导入拥有趣意,帮助学生尽快投入学习。采用的方式和载体较多,有故事、谜语、游戏、视频、实物等。

以下是教学"循环小数"的课堂起始片段。

师:从前有座山,山上有座庙,庙里有个老和尚和小和尚,老和尚很会讲故事,老和尚对小和尚讲,从前有座山,山上有座庙,庙里有个老和尚和小和尚,老和尚很会讲故事,老和尚对小和尚讲……

生:(边笑边朗声接下去)从前有座山,山上有座庙……

师:(故作惊讶)你们怎么知道我下面要说的话呀?

……

这样的课堂对话似乎很难让人把它与数学相联系,但这的确是一堂"循环小

---

① 季国栋.突显"疑趣" 享受学习——"分米和毫米"一课教学感悟[J].小学教学参考,2013(29):28-29.

数”的导入。教师用这耳熟能详的故事，让学生体会什么是“依次不断，重复出现”、什么叫“循环”，为学习“循环小数”进行铺垫。

疑趣课堂的趣味性在于教学中段拥有趣意，帮助学生保持积极的学习状态。以“用字母表示数”为例，数学中用字母表示数的概念可谓是千呼万唤始出来，其内涵也十分丰富。人类从用符号表示“特定的数”发展到有意识地、系统地用字母表示数，经历了 1200 多年。如果说个体的成长往往会以某种形式重复人类发展的历程，那么儿童对用字母表示数的理解或多或少也要经历类似的跌跌撞撞的发展过程，才能在比较抽象的水平上形成新的数学对象“一般的数”与它的符号表示。因此，教学设计需要依据这一历史过程，分为不同水平的三个层次展开：一是用字母表示从非常明确的特定数到变化数，二是结果和关系都可以用含有字母的式子来表示，三是通过接触代数语言体会数学的符号化思想。第二层次的教学就在课的中段，课件上出现了一个魔盒，①一下子吸引住了孩子们的注意力，每个人都呈现出积极主动的学习状态。

以下是笔者执教“用字母表示数”的教学片段。

师：老师今天给大伙儿带来了一个魔盒，它的神奇之处在于一个数通过它就会变成另一个数。谁来试一试？先说个数。

生 1：7。（课件演示：进入的是 7，出来的是 17）

生 2：12。（课件演示：进入的是 12，出来的是 22）

生 3：15。

师：大家猜一下，出来的可能是几呢？

生：25。

师：猜测是科学发现的前奏，看看对不对？（课件演示：进入的是 15，出来的是 25）

师：你们已经迈出了精彩的一步。你们想说什么？

生：出来的数比进入的数大 10。

师：那么，我们再说个数验证一下。

许多同学举手想说。

---

① 郭振江.小学数学教学怎样设情激趣引思[J].空中英语教室(校本教研)，2012(5)：127.

师：这么多同学都想说，能想个办法概括表示吗？

生1：用 a 表示所有进入的数。

生2：那么，$a+10$ 表示的就是出来的数。

师：那我们打开魔盒看看(课件演示：打开魔盒，呈现 $a+10$)，$a+10$ 不仅表示出来的数，还可以表示出来的数与进入的数之间有怎样的关系呢？

生：$a+10$ 不仅表示出来的数，还可以表示出来的数比进入的数多10。

师：在这里我们不难发现，进入魔盒的数是变化的，出来的数也是变化的，然而 $a+10$ 所表示的关系却是不变的。正如开普勒所说，数学就是研究千变万化中不变的关系。

当然，魔盒只是个道具，更重要的作用是引导学生认识：出来的数是 $a+10$，加工的关系式也是 $a+10$。教师利用魔盒，比较顺利地让学生接纳了这种典型的代数思维方式。与此同时，我们也可以看到，学生对某新知的建构不是一次性的，而是累积的，不是简单地叠加认识，而是不断地递进深化，这样才能达到深层理解数学的目标。

疑趣课堂的趣味性在于教学结尾拥有趣意，帮助学生在知识运用中体会理性内涵。在教学“倍的认识”时，许多教师都会使用拍手游戏。通常教师先拍几下，然后请学生拍出几倍数，这样做仅仅提高了练习的趣味性而已。数学学习，如果没有理性的参与，教学就难以有深度。而且，理性并不只是以抽象、枯燥的形式存在，当教师挖掘、剖析趣意中的理性并让孩子们品味感悟到，教学便有了更大的价值。笔者在运用拍手游戏时，有意识地安排了多个层次，增加了理性的追问，使学生在趣味中巩固新知，悟出更多的道理。

以下是笔者执教“倍的认识”的教学片段。

首先，教师拍2下，要求学生拍手的数量是教师的3倍；教师分别拍3下、4下，要求学生拍手的数量都是教师的3倍。

师：三次都要求大家拍的数量是我的3倍，为何你们拍的数量每次都不一样？

生1:老师每次拍的数量不同,所以我们拍的也不同。

生2:虽然都是3倍,但一份的数不同,所以最后的结果也不同。

师:是啊,一份数不同,同样的倍数,最终结果也不同。

随后,教师拍5下,直接要求学生拍。

结果,有的学生拍了15下,有的学生没有拍手。

师:哎,怎么有些同学没有动手啊?

生:老师没说要拍几倍,所以我没有拍。

师:能拍出来吗?

刚才拍的学生不好意思地摇摇头。

师:只知道一份,不知道要拍几倍,是拍不出结果的。

最后,教师没有拍手,直接要求学生拍2倍的量,这次没有学生再拍手了。

师:怎么没有一个人拍啊?

生:不知道一份数,无法拍出几倍数的结果。

为了提高课堂教学的趣味性,疑趣课堂注重数学的应用,精选学习素材,强调从现实原型中抽象出数学知识,让学生感受到数学来源于生活,是“好玩”的,进而激发学生主动探究的欲望,在解决问题的过程中感受到数学是“有意思”的,最后将所学的知识应用到现实世界中去解决问题,让学生感受到数学是“有价值”的。

二、灵动性

疑趣课堂在形式上是灵动多变的,永远给学生以新鲜、生动、灵活、有趣的感觉,具有无穷的吸引力。疑趣就是对生命力、思维力、创造力的激活与激发,这样的课不需要有太多固化的、结论式的教学预设和现成的知识、原理。疑趣课堂的灵动性体现在既要有对知识和原理的沙盘推演,也要有与其他学科的融合,还要有对新知和未知的探究实验。

疑趣课堂的灵动性在于将文学融入数学教学。数学使人生感受精确化、形式化，而文学的形象化丰富了我们的想象，增进了我们的理解。数学和文学水乳交融，相辅相成，早已有之。徐利治先生早就指出“孤帆远影碧空尽”正是极限概念的意境，张奠宙先生认为数学中“对称”和文学中“对仗”的思考方法是相通的，初唐诗人陈子昂“前不见古人，后不见来者。念天地之悠悠，独怆然而涕下”的诗句则是对时间和三维欧几里得空间的文学描述。①

首先，可以运用拆字解释课题。拆字是利用汉字由偏旁部首组合而成的特点，通过分合增减，将要表达的意思或想要说的话寓于其中。课题“纳税”中的“税”字对学生而言较难理解，因此可以通过拆字来巧妙解释。教师先板书“禾”字，问学生指什么，学生说是农产品；教师再板书“兑”字，问其何意，学生说有送达的意思；接着，教师将这两个字写在一起，形成“税”字，让学生说说意思；最后，教师说明“税”字的本义是社会成员上交给国家的农产品以及这个字形象地反映了中国古代税收的基本来源和征收内容，由此引出我国现在的税收，带领学生一起研究“纳税”问题。

其次，可以运用古诗激趣导入。有这样一首小诗：一片两片三四片，五片六片七八片。九片十片无数片，飞入水中都不见。把这首诗用到一年级的数学课堂，平淡无味的数数一下子就变得有趣起来。还有一首有趣的诗：一去二三里，烟村四五家。亭台六七座，八九十枝花。这首诗把一到十这些数巧妙地贯穿其中，朴素却不单调，让人读来朗朗上口。数学课上吟诵古诗，对孩子来说，无疑是新鲜有趣的，不仅能在他们幼小的心灵里留下数字妙用的印象，也能让他们感受到数学的神奇美感。数学如诗，文理交融。

再次，可以运用对联设计习题。我国古代的寿联中也隐藏着有趣的数学题。“而立重树又加三七岁月，不惑双至再多一度春秋。”从这副对联中可以算出所贺老寿星的岁数。上联中的“而立”是指三十岁，“而立重树”就是两个三十岁，“三七岁月”是二十一岁，即 $30\times2+3\times7=81$（岁）；下联中的“不惑”是指四十岁，“不惑双至”就是两个四十岁，“一度春秋”就是一年，即 $40\times2+1=81$（岁）。如

① 张永旺.让数学课堂充满文化的魅力[J].考试周刊，2014(98)：65.

果教师把这样的对联作为乘加混合运算的教学内容，课堂上一定会呈现出不一样的精彩。

数学教师要博古通今，厚积人文底蕴，在数学教学中旁征博引，让数学变得丰富而灵动，让孩子们在数学和文学的共同滋养中发展得生动而灵秀。

疑趣课堂的灵动性还在于对数学知识进行探究实验。在教学“千克的认识”时，教师没有选择在教室，而是直接把学生们带到一个沙堆旁，每人发一个塑料袋，要求大家在塑料袋里装 1 千克的沙子。需要注意的是，提供给学生的袋子是不一样的，一样的袋子容易让学生分散对重量的直接注意，他们会通过观察沙子的多少，也就是体积，来推测沙子的重量；而不同的袋子就迫使学生用掂一掂的方法来装 1 千克的沙子，从而准确建立 1 千克的量感。

学生们开始兴奋地装沙子，刚开始他们并不知道 1 千克的沙子到底是多少，只能凭自己的感觉来装。第一次称重的时候，全班没有人过关。教师手里拿着弹簧秤，称重后也不直说沙子有多重，只是告诉学生装的沙子是多了还是少了。根据规则，学生每称一次都要把袋子里的沙子全部倒掉再重新装入。慢慢地，学生们称的次数多了，对 1 千克的重量也就有感觉了，最后几乎所有学生都可以一次装大约 1 千克的沙子。

不用讲解，不用举例，不用巩固练习，学生在操作中建立感觉，在行动中获得知识与技能。多变而不失规范，有趣而不失严谨，这就是疑趣课堂的灵动性，不受形式的束缚，不被模式所拘泥。

三、生成性

疑趣课堂具有丰富的生成性，不仅生成学习知识，还生成思维。这是一种求异思维，也是一种拓宽思路的思维；是围绕一个知识点发散开去的生成，也是从一个知识向前再迈进一步的生成。

疑趣课堂的生成性在于思维的发散。例如，教学“几分之几”时，教师设计了如图 3－1 所示的题目，以下是课堂教学片段。

师:你看到的是几分之几?

生1:我看到的是十六分之四。

生2:我看到的是八分之二。

生3:我看到的是四分之一。

师:还有不同的答案吗?

生4:我看到的是十六分之十二。

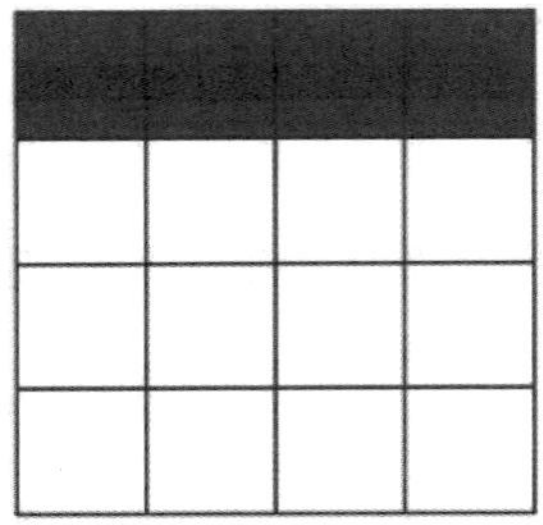

图3-1 你看到的是几分之几?

师:你的答案有点特别,能说说你的理由吗?

生4:谁说分数就一定是阴影部分是整体的几分之几?白色也是整体的一部分,也可以用分数来表示白色部分与整体之间的数量关系。

生5:我看到了八分之六。

生6:我看到了四分之三。

(学生们很得意)

师(微笑):还有其他答案吗?

(学生们有点困惑,但还是静静地思考着)

生7:我看到了十二分之四,表示的是阴影部分与白色部分之间的关系,也就是阴影部分占白色部分的十二分之四。

生8:我看到了六分之二。

生9:我还看到了三分之一。

同一个问题从不同的角度思考会得到不同的答案。前三种答案反映了学生对几分之几概念的理解与运用;第四个答案体现了学生在思维上的灵活多变,也启发了学生从不同的角度分析问题、解决问题;在教师的追问下,学生得到了最后三种答案,可见学生的思维已由整体与部分的数量关系延伸到部分与部分的关系,这是学生思维上的拓展,是学生创造力的体现。

这样的课堂淋漓尽致地展现了教学的生成。利用生成激发兴趣,利用兴趣不断探寻新的知识,这就是疑趣课堂生成性的特点。

疑趣课堂的生成性还在于不满足于教学上的一般要求,力求让学生的学习更进一步。例如，在教学"体积和容积"时，教师要让学生在理解体积和容积概念的基础上知道两者之间的联系和区别，重在明晰以下两种情况：

一是同体积的物体容积不一定相同。教师呈现两个相同的盒子（如图3－2），并适时提问："这两个盒子的体积一样吗？"在学生回答体积相同之后，教师进一步追问："它们的容积是否也相同？"有的学生认为两个体积相同的盒子容积也一样；有的学生认为如果这两个盒子里面构造一样，它们的容积就相同，如果构造不一样，容积就不同。虽然大部分学生赞同后者，但盒子里面的构造到底是怎样的，有些学生仍难以想象。教师可以打开这两个盒子，呈现盒子内的不同构造（如图3－3），让学生发现这种情况下的容积的确是不相等的，从而明白容器容积的大小不能只看外表，体积相同的两个物体容积不一定相同。

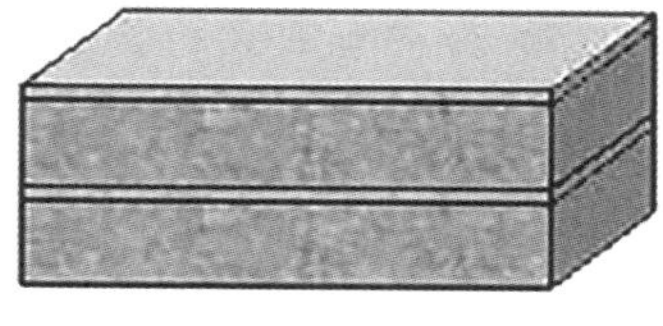

图3－2　上下叠放盒子

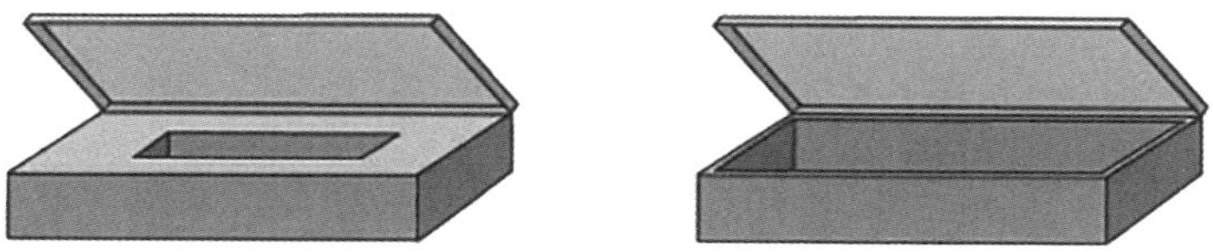

图3－3　打开盒子

二是同一个物体的体积大于容积。为了便于学生接受，应该选择生活中常见的容器；为了便于学生理解体积与容积的区别，选择的容器在这两方面的差异度越大越好，也就是容器要有明显的厚度。可先通过课件呈现盖上盖子的电饭煲，并使整个电饭煲闪烁，表明这是电饭煲的体积，体积是从外面测量的；然后打开电饭煲（如图3－4），使里面的空间闪烁，表明这是电饭煲的容积，容积是从里面测量的。学生很容易就能明白，同一个物体的体积要大于它的容积。不过如果教学到此为止，还是有点遗憾的。原因在于：学生后续学习圆锥体体积时，教学中都是采用容积来确定体积的。教师往往先将圆锥体容

图3－4　电饭煲

器装满水,然后倒入和它等底等高的圆柱体容器,三次基本能倒满,最后得出圆锥体体积等于和它等底等高圆柱体体积的三分之一。然而,在这个过程中,很多学生都会产生困惑:“为什么容积就等于体积?”为了避免学生在后续学习中产生这样的困惑,教师可以利用课件,将电饭煲的厚度逐渐变小,并在每一次变化之后引导学生观察比较,发现电饭煲的容积与体积逐渐接近。在电饭煲的厚度变薄的同时,学生也在慢慢感受着极限思想,想象着“零厚度”,此时的容积就等于体积。这样的教学不仅可以让学生深刻理解体积和容积之间的联系和区别,同时关照了学生的后续学习,为他们学习圆锥体体积进行铺垫,帮助他们理解:在一定的情况下,可以忽略有些容器壁的厚度,容积就等于体积。①

四、开放性

疑趣课堂教与学的视野是开放的,思路是开放的,场所是开放的,运用是开放的。开放性具体体现在对知识的探究上,体现在从课内到课外,体现在从学科内到学科外,还体现在综合运用上。

疑趣课堂的开放性在于根据不同的教学内容选择适切的教学方式和教学场所。例如,在教学“毫升与升”时,最重要的就是建立毫升与升的量感。教师既没有选择提供大量的材料进行展示,也没有选择只拿一份教具进行演示,而是带领学生来到实验室,每人提供一份教具,让学生在动手实践中建立量感。

第一步,教师布置了一项任务——用胶头滴管和小量筒测量 1 毫升的水有多少滴。得到具体的数据后,学生们利用平均数得到了一个近似值,此时他们通过视觉和严谨的计算,对 1 毫升的水量有了一个数值上的印象和认识。

第二步,教师让学生们把量筒里的水倒在手心里,在同伴之间互相传递,最后再把水倒回旁边的大烧杯里(如图 3-5)。在这个操作过程中,学生们通过触觉对 1 毫升的水有了进一步认识——1 毫升的水很少,少到可以放进手心里。此时学生已成功建立起 1 毫升的量感。

---

① 季国栋.让学生深透理解数学概念——关于“体积与容积”的教学建议[J].小学数学教师,2012(10):6-11.

图 3－5　手心里的 1 毫升水

疑趣课堂的开放性在于数学交流无处不在。景渊远老师教学“平行四边形的认识”之后，学生的学习走向了课外，以下是景老师记录的一次发生在食堂的数学交流。

一次在食堂吃饭，同学甲在我路过时向我举手示意，问道：“老师，今天的菜是不是数学老师做的？”

“怎么了？”我不解地问道。

“你看，这些百叶(千豆腐)都是平行四边形。”他笑着回答道。

旁边的同学乙听到后看了看自己的餐盘，指着一块百叶疑惑地问我：“老师，这算平行四边形吗？”

我说：“你觉得呢？”

只见他眉头紧锁，略微停顿了会儿，坚定地说道：“不算，因为我看这两条边不平行。”

“老师，我觉得他那块是平行四边形。”旁边的同学甲忍不住插话。

我顺势问：“那你能证明吗？”

“对！你能证明吗？”同学乙带着较劲的语气问道。

同学甲说:“能!只需要一根土豆丝就行。”他夹起一根土豆丝小心地摆在那块百叶上,讲道:“我们把土豆丝当成一条直线,把这个百叶当成一个四边形,你看四边形的两对边都垂直于这根土豆丝,所以这个四边形两组对边分别平行,所以它是个平行四边形。”

此时坐在对面的同学丙来了句:“你怎么知道它们是互相垂直的呢?”

同学甲说:“用眼睛一看就看出来了呀。”

同学丙说:“你的眼睛又不是量角器,怎么能断定一定垂直呢?万一夹角是89°呢?”

同学甲无奈地答道:“好吧,那我说它近似一个平行四边形总可以了吧?”

同学丙说:“严格地说,它不能被叫作四边形,因为它有厚度,四边形是二维的,没有厚度,在数学上它应该叫作体,在真实的三维世界中不存在‘形’,因为凡是看得见摸得着的东西都会有厚度,形只是从物体上抽象出来的,老师,我说得对吧?”

在小伙伴面前说得头头是道的同学丙向我投来了期待的目光。而此时的我心里正嘀咕着:你这孩子知道得挺多啊,把我想说的话都给说了,我都不知该说什么好了。于是我把问题抛给了同学甲和同学乙,问道:“你们觉得呢?”两个同学纷纷点了点头,回答道:“我们觉得他说得有道理。”

“嗯,你们说得都很好,老师刚刚长知识了,快吃饭吧,一会儿没时间了。”说完我便离开了。

一次多么生动、有趣的数学交流!生活中处处有数学,生活中处处可以交流学习数学。学生有一颗爱学的心,教师有一份爱教的情。哪里都可以产生疑问,哪里都可以获得乐趣,哪里都可以是疑趣课堂,不必受限于四四方方的教室,不必拘泥于短短的上课时光。

疑趣课堂的开放性还在于用关联的、多元的、复合的视角运用知识。以“用数对确定位置”为例,教师将设计聚焦于“数对”本身,在运用中探究特殊数对的特点。

首先，教师给出数对$(x,3)$，请符合的同学站起来，从而发现位置在同行的数对的特点；学生试着说一个数对，让同一列的同学都站起来，从而发现位置在同列的数对的特点。

其次，学生说一个数对，让全班同学都站起来。从数对(x,x)到数对(x,y)，学生不断拓宽数学思维，提炼出数对的本质，水到渠成地建构了数学模型——有序数对(x,y)，也就是"任意两个有序的数都可以表示平面上的任意一点"，同时体验到相同字母与不同字母之间的差别，从而在更高层面把握数对的本质。

再次，教师呈现半抽象的画面，让学生发现在斜向同一直线上点的数对的特点，并思考在画面之外且在这条斜线上的点的位置是怎样的数对。这种方式可以说是用中国画中"破"的手法，将界面扩展开去，延伸至无限。

最后，教师呈现抽象图，让学生确定坐标轴上的点的位置，发现 0 这个数也要加入数对来进行位置的确定，进而连接这三个在坐标轴上的点，形成直角三角形，学生们的数形结合思想得到了培养。

以下是笔者执教"用数对确定位置"的教学片段。

师：季老师写一个数对，请位置符合的同学站起来。

师板书$(x,3)$，第 3 行的学生陆续起立。

师：全站起来了。都符合吗？说说理由。

生：x 表示未知数，不确定，而 3 表示第 3 行。所以第 3 行的同学必须都站起来。

师：很厉害。那么同一行的数对有什么特点？

生：代表行的数都一样。

师：有没有同学能让一列的同学都站起来？

生：$(6,x)$。

第 6 列的学生全部起立。

师：他们站得对吗？

生：对。

师:思考一下,同一列的数对又有什么共同的特点?

生:代表列的数都一样。

师:这儿就是——

生:6。

师:谁能让全班同学都站起来?

生:(x,x)。

师:都同意?

生:是的。

师:好,我写在这儿。

师板书(x,x),全班起立。

师:先别急,有的同学站了可能会后悔的。(学生面露不信)不信啊,试试,当 $x=1$ 的时候,数对是什么?

生:(1,1)。

师:是谁? 请起立。

数对(1,1)的同学起立。

师:当 $x=2$ 时,数对是多少?

生:(2,2)。

数对(2,2)的同学起立。

师:当 $x=3$ 时呢?

生:(3,3)。

师:接下来是……

生:(4,4)、(5,5)、(6,6)。

师:全班都站起来了吗?

生:没有。

师:这说明什么?

生:这里两个未知数是一样的,所以只有行和列是一样的同学才能站起来,其他人是不可以站的。

师：那你觉得应该怎么表示？

生：(x,y)。

师板书(x,y)。

师：现在用数对(x,y)来表示全班同学，行了吗？

生：行了。

师：玩得怎么样？

生：（笑着齐声）很开心。

师：让我们再回到大屏幕。人没了，全变圈了。看着数对，你还能找到对应的位置吗？

师课件显示画面和数对(2,1)、(3,2)、(4,3)。

生：能。

师点名，并用红外线电子教鞭分别指出这三个点的位置。

师：都很棒，找对了。根据这三个数对找到了三个点，还有发现吗？

生：这三个点正好是斜着上去的。

师：你觉得这样斜着上去的三个点的数对有什么特点？

生1：第一个数都比第二个数多1。

生2：列数每次都加1，行数也每次都加1。

生3：行数和列数之间的差是相等的。

师：还有什么点也是在这条斜着的线上？

生：(5,4)。

师：你是怎么知道的？

生1：我是看着图找到这个点，然后知道它的数对的。

生2：我是根据前面的规律推算出来的。

师：这两种方法都可以。你还能说出一个数对的点也在这条斜线上且在比较远的地方吗？

生 1:(7,6)。

生 2:(100,99)。

生 3:(1000,999)。

生 4:(x,y)。

生 5:不对,应该是$(x,x-1)$。

学生们对第五个同学的答案表示赞同。

师:用数对$(x,x-1)$就可以把这条斜线上的所有点都包含进去了吧!真棒!

师:继续玩。现在连小圆圈都没了。(课件显示)给你三个点,你能用数对确定这三个点的位置吗?

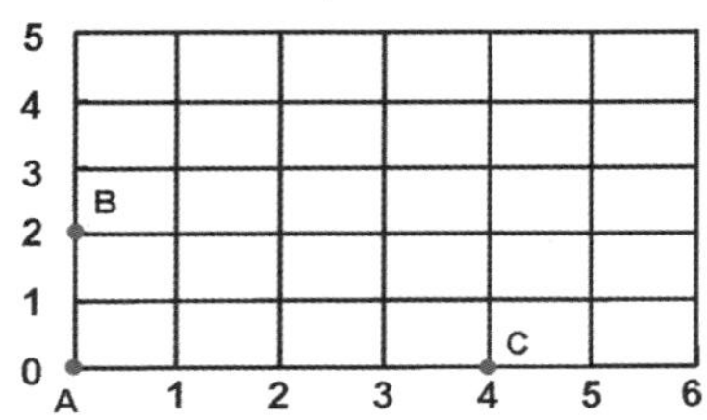

学生独立完成,汇报交流。

生 1:A(0,0)。

生 2:B(0,2)。

生 3:C(4,0)。

师:看来 0 在数对中也是有用的。如果把这三个点依次连接起来,是个什么图形?

生:直角三角形。

师:同学们的答案不仅简洁,而且非常准确,太厉害了!①

疑趣课堂从思维和情感这两个角度出发,充分体现了趣味性、灵动性、生成性和开放性。

---

① 季国栋."用数对确定位置"教学实录[J].小学教学,2014(8):22-25.

第四章

疑趣课堂的“三疑”教学策略

郑毓信先生指出：我们应当努力做到“疑趣结合”，即让学生感到“既有趣又有疑，既有疑又有趣，使疑和趣和谐共生”。

疑趣课堂的要义也是如此。

沿着疑趣课堂基本理论指引的方向，尤为重要的是在教学过程中采取有效的教学策略，将理论融入实践，帮助教师更好地进行疑趣课堂的教学实践。本章着力从“疑”的视角，兼顾教师主体与学生主体，厘清认识，层层深入，重点阐述设疑、生疑、释疑三个层面的有效教学策略。

第一节　设疑，把握学生学习起点

设疑，就是设置疑问，促使学生的学习发生。

课堂上，是把现成的、已有定论的知识一点一滴地教给学生，还是在疑问中让学生有所发展，二者在教学理念、教学策略上有着根本的区别。从学生数学学习的真正发生及实现深度学习的角度出发，在如今的数学课堂教学中，后者显然更有效。

因此，数学课堂要有疑问，有疑问才能激活学习者的内在需求，激发学习者的思维活力，促进师生、生生之间的对话交流，进而引发深度学习的真正发生。虽然教师现在在课堂教学实践中越来越重视提问，但要提出好问题，促使学生数学深度学习的真正发生绝非易事。我们可以从认识和实践两个层面来实施。

一、明晰认识

1. 设疑的引领者是教师自身

在小学阶段，无论是从国家意志的贯彻、教材内容的落实看，还是基于儿童认知年龄的特点，课堂上设疑的主要引领者为教师自身。我们之所以把教育教学活动定位为专业性活动，其中有一点就在于教师能适时提出适切的专业性问题，引领学生从已有的数学现实走向数学理解、走向深度学习，[①]进而形成新的数学现实。学生是天然的提问者，但学生的提问比较随性、片面，不太规范，也不深刻，所以教师的设疑既能对学生进行科学的引导，又能为学生提供借鉴学习的机会。设疑对生疑、释疑具有至关重要的作用，只有好的设疑才能促使学生主动生疑、积极释疑，才有助于深度学习的悄然发生。

2. 设疑的前提是正确认识学习起点

关于学习起点的相关认知，笔者曾经与高敏老师一起研究过。学习起点就是学习者原有的基础，包括经验、文化、能力、知识，对这个起点了解得越多，利用

---

① 杨孝斌.数学教学思维导向的研究[M].成都：四川大学出版社，2010.

得越多,越会带来深层次的学习。

(1) 学习起点是动态的,也是能动的,正确把握与运用学生的学习起点,能使教学更有针对性,为真正实现有效教学奠定基础。

(2) 不同的学生有不同的学习起点,不同的学习起点产生不同的学习需求,教师应合理把握与运用学生的学习起点,智慧地进行教学。

(3) 在目前的班级授课制背景下,既应关注大众起点,让学生全体参与、全程参与,也应把握个体起点,让教学实施得顺利、精彩。

(4) 学生的学习起点和教师的教学起点是相互联系、相互依存的,只有正确利用学生的学习起点,才能更好地把握数学教学的起点。

(5) 对学生学习起点的正确把握与运用,不仅可以转化为学生的学习动能,还可以转化为教师的教学动能。

(6) 学生的学习起点存在于数学学习的各个阶段,只有正确把握学生的学习起点,辨别出学生的理解所达到的程度,才能将其有效运用于学生的学习与教师的教学。

3. 设疑的关键是准确把握学习起点

学生的学习起点是教师展开教学、进行设疑的依据。如果我们不清楚当前学生的理解以及他们对学习的建构,任何新的学习经历都无法被学生吸收甚至有可能完全被误解。可以毫不夸张地说,如果教师对学生的学习起点进行了细致周到的了解,并将其作为学习任务设计与目标确定的依据和准则,每个学生在走出课堂的时候必然会有不同的收获;如果教师能准确把握学生的特点,预设的学习任务将更为丰富,生成也更有价值,大多数学习系统设计中的问题一出现就能得到妥善的解决,学生在此过程中能得到进一步的发展。

学习起点的把握一旦成为必做的工作,教师就不得不在教的过程中时时刻刻将学生放在首位考虑,关注了差异,认识了差异,也尊重了差异,同时向自己提出挑战,从学生出发,自觉地或不自觉地成为学生学习的服务者、辅助者、支持者,根据学生的学习来设疑。

二、精准设疑

学习起点的把握是精准设疑的前提。如果设疑不合理,起点过高或过低,就不能引发学生的认知冲突，不能促使学生基于自身已有知识去探求新知、建构意义，也就无法生疑。

每一位教师在设疑时，首先面临的就是对学生的学习起点进行全面了解，分析学习材料所处的位置及特点、重点和难点，分析学习材料应落实课程标准中哪些具体要求，分析不同学生已具备的基础差异和存在的困难，分析学生的学习态度、学习能力、学习兴趣、学习方法和学习风格，在考虑教学统一要求时更多地关照学习者的个体差异，从关注有共性的基础走向关注有差异的基础。

一次完整的课堂学习可以描述为学生从其学习起点到课堂学习目标的认知发展过程。就这一过程来说，在学习目标既定的情况下，起点的选择决定着这一过程的长短，适宜的距离与空间是学生开展课堂学习所必需的。这一过程是学生认知不断攀升的过程，也是学生学习起点不断抬高、动态变化的过程，由此可见，设疑伴随着学习起点的变化存在于教学的各个阶段。

1. 设疑在学习的切入处

“新知导入”环节，设疑应与学生实际掌握的内容相贴切，否则教学将难有悬念可生。

如在“6 的乘法口诀”教学的导入中，教师安排学生数一数小方格，1 排有 6 个，2 排有 12 个，3 排有 18 个……然后，教师把学生的得数填入表内，并请学生读一读。刚开始，学生在教师的带领下读的是“1 排 6 个，2 排 12 个，3 排 18 个”，当教师结束带读时，从第四句起学生的读法是“四六二十四，五六三十，六六三十六，六七四十二，六八四十八，六九五十四”。学生读完后，听课的教师都笑了，因为学生已经将教师今天要上课的内容捅了出来，也就是说下面的内容学生都知道了，教师没有悬念可以制造了，这是公开课上教师最怕的尴尬之事。

课后，听课者与上课的教师进行了交流，问她：“在课前，你知道学生会背 6 的乘法口诀吗?”教师回答：“知道。”“那么，这节课你的教学目标是什么?”“让学生编 6 的乘法口诀，理解口诀中的关系。”从交流中可以看到，教师的教学目标是让学生编 6 的乘法口诀，但其实学生已经会背口诀了，这时还按照原有方式方法去设疑，效果自然大打折扣。这就是教师的设计与学生实际的偏差，教师仅仅关注了大纲的教学目标，没有从学生的学习起点出发合理设疑。

因此，设疑应从学生实际出发，找准学习的切入处，引发学生真实思考。

2. 设疑在学习的重难点

对于如何在学习重难点处设疑，教师可以通过调查和深度访谈，针对性地梳理相关信息，确切地了解学生已有认知和已有经验。有了精准的调研数据，才能真实把握教与学的重难点。

例如，在学习“等量”知识前，我们对 50 位学生进行了调查。

<table>
<tr><td>1 个菠萝与 2 个梨的质量相等，1 个梨与 2 个苹果的质量相等。那么，1 个菠萝与(　　)个苹果同样重。</td><td>2 个汉堡可以换 4 个鸡翅，6 个鸡翅可以换 3 个冰激凌。那么，1 个汉堡可以换(　　)个冰激凌。</td></tr>
<tr><td>① 正确解决，能说明理由 40 人，占 80%；
② 正确解决，不能说明理由 4 人，占 8%；
③ 不能解决 6 人，占 12%。</td><td>① 正确解决，能说明理由 23 人，占 46%；
② 正确解决，不能说明理由 6 人，占 12%；
③ 不能解决 21 人，占 42%。</td></tr>
<tr><td colspan="2">从右题中发现：①不经过课堂学习，已基本能达到课程“知识与技能”要求的学生人数占 46%，需要进行“升级学习”；②课堂学习前，不能达到(或不能完全达到)课程“知识与技能”要求的学生人数占 54%，需要进行“全新学习”或“补缺学习”，甚至是“哺乳学习”。</td></tr>
</table>

在进一步的访谈中，我们发现那些需要进行“全新学习”或“补缺学习”的学生主要有以下几方面学习困难：

(1) 不知道天平的用途，更不清楚“天平两边平衡”意味着什么。

(2) 不清楚“等量(式)的传递性”。即使知道“1 个菠萝与 2 个梨的质量相等，2 个梨与 4 个苹果的质量相等”，也不能经过推理得到“1 个菠萝与 4 个苹果的质量相等”。

(3) 对“等量传递”有一定了解，但不具备“转化”的意识。即没有将“1 个梨与 2 个苹果的质量相等”转化为“2 个梨与 4 个苹果的质量相等”的意识和能力，等量代换受阻。

(4) 有些学生仅凭直觉作出判断，不清楚等量代换的程序，无法用语言或文字正确表达解决问题的思路，一旦脱离实物或直观图就完全失去了方向。

(5) 有些学生误解了“等量”的意义，把“2 个汉堡可以换 4 个鸡翅”错误地转化为“(2+2)个汉堡可以换(4+2)个鸡翅”，也就是“4 个汉堡可以换 6 个鸡翅”。

(6) 由于“2 个苹果”与“1 个苹果”具有明显的整倍关系，学生容易找到转化的对象；而“4 个鸡翅”与“6 个鸡翅”没有整倍关系，部分学生找不到转化的对象，更意识不到需要同时对两个对象进行转化。

通过调查和深度访谈，我们发现就这个内容而言，全班半数以上的孩子面临的是全新学习，教师在进行学习设计时，务必要着眼于这 54%的学生，他们的学习难度就是整个课堂学习难度的基调。同时，针对访谈的信息，教师对学生的情况进行了细致的分析，找到了六个主要的学习困难所在，并且将这些困难与学生个体逐一对照，从对共性的基础的关注扩展到对有差异的基础的关注。

由此可见，教师精准把握了学生现实情况中的重点与难点，基于这样起点的设疑才能有的放矢，促进有意义的学习真正发生。

3. 设疑在学习的巩固处

在学习的巩固处，教师同样要基于学生新的认知起点，对学习材料进行深加工，精心设疑，层层递进，培养学生深层次的数学思维。

以下是李开通老师执教“表面积的变化”(沪教版)的教学片段——对比设疑。

在学生探究好多个相同正方体拼成一排时表面积的变化规律后，教师出示一组对比性的数学问题。

问题 1：把棱长为 1 厘米的 31 个小正方体排成一行拼成一个长方体，拼成的长方体的表面积比原来 31 个正方体的表面积之和减少了多少平方厘米？

问题 2：把棱长为 2 厘米的 3 个正方体拼成一个长方体，拼成的长方体的表面积比原来 3 个正方体的表面积之和减少了多少平方厘米？

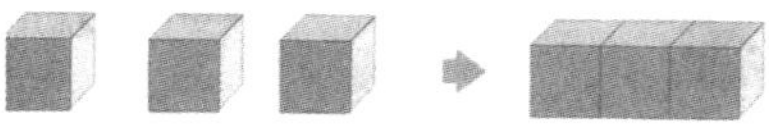

师：仔细观察，这两题都是求什么？

生：求减少的面积。

师：那你能用刚才学到的知识来解决吗？试一试，并把过程写在练习纸上。

师：谁来说说对第一题的想法？

生 1：2×(31－1)×(1×1)＝60 平方厘米。

师:谁和他的想法一样?具体地说说每一步的意义。

生 2:“31—1”表示拼接的次数,再乘 2 表示减少了多少个正方形的面,再乘一个面的面积“1×1”,就算出减少的面积。

师:你把道理说得很清楚。我们再来看第二题,老师收集到两种不同的算法,你同意哪一种?

出示:(1) 2×(3—1)×(1×1)=4 平方厘米

(2) 2×(3—1)×(2×2)=16 平方厘米

生 1:我同意第二种,因为这里的棱长是 2 厘米,一个面的面积是“2×2”。

生 2:我也同意第二种,这里第二题的棱长不是 1 厘米了,所以再用“1×1”算一个面的面积就不对了。

师:那在解决“减少的面积”这类问题时,有什么要提醒大家的?

生 3:我觉得既要注意找准减少面的个数,也要看清一个面的大小。

……

为巩固直接运用规律解决问题,让学生体会到运用规律的乐趣,李开通老师对教材呈现的问题进行深加工,变单一数学问题为片段一的两个对比性问题。两个问题数据的差异在于:一个棱长为 1 厘米,一个棱长为 2 厘米。在前面规律的探究中,棱长就是 1 厘米,一个面的面积也是 1 平方厘米,减少的面积与减少面的个数在数据上相同,学生若认识不到位,往往会把二者等同,忽略了一个面的面积的计算。所以,教师在巩固处进行对比设疑,可以让学生深刻感受到一个面的面积是计算减少的面积时的重要元素。

以下是李开通老师执教“表面积的变化”(沪教版)的教学片段二——深层设疑。

把 8 个棱长为 1 分米的正方体物品拼成长方体包成一包,可能有几种不同的包装方法?哪种方法最省包装纸?(接缝处忽略不计)教师引导学生同桌合作,有困难的可以借助学具摆一摆,然后组织交流。

生 1:我们觉得有三种摆法。可以摆成一排;还可以一排 4 个,摆两排;还可以一排 2 个,摆两排,拼两层,拼成正方体。

师:同意他们的想法吗?

生：同意。

师：(课件演示)看来不只有拼成一排这一种包装方法。哪一种拼法最省包装纸呢？说说你们是怎样想的。

生1：拼成正方体的表面积最小，最省包装纸，我们通过算表面积算出来的。

生2：我们也认为是拼成正方体的这种，我们是通过数拼接的次数发现，拼成正方体时有12个拼接处，减少24个面，减少的面积最多。

师：(出示课件)对呀，像这样，两两相拼的次数多，减少的面积也多，也就越节省包装纸。

师：再来看这道题。如下图，将5个棱长为1分米的小正方体叠放在一起，有两种不同的叠放方式，它们表面积的大小关系是怎样的？

生1：表面积一样，因为两幅图里，下面都是4个，上面一个和下面的4个重叠的面一样，所以减少的面积一样。

生2：我也认为表面积一样，虽然上面那个小正方体放的位置不一样，但都是拼接一次，减少了2个正方形面的面积。

师：像这样，叠放位置不同，但拼接处的面积相同，减少的面积也就一样。

在已有规律认知的基础上，要让学生有更高层次的数学思考，对表面积变化有更本质的认识，进一步的深层设疑是必不可少的，所以教师精心设计了两个深层次问题。第一个问题以包装问题为载体，重在打破学生的固定思维，让学生寻求更多的拼搭方法，运用规律解决实际问题，进一步培养空间观念，发展数学思维。当然，练习方式的处理可采用小组合作的形式，让学生在动手操作的基础上，灵活运用规律，获得新的认识——多个相同正方体组合成长方体，可以有不同的叠放方式：拼接的面越多，表面积减少越多；或者两两相拼的次数越多，减少的面积也越多。第二个问题打破了“变”的固有认知，重在拓展视野，深化认识：叠放的位置不同，但拼接处的面积相同，减少的面积是一样的。学生在“变与不变”中进一步感悟引起表面积变化的本质，培养深层次的数学思维。

精准有效的设疑，旨在促进学生学习的真正发生，锻炼学生的数学思维。设疑贯穿学生的整个学习过程，每一个阶段都有不同的学习起点，需要教师用心把握，精心设置问题。教师可借助不同层次、不同角度、不同形式的设疑，层层递进，不断引领学生进行深度思考，以提升学生的数学能力与素养，发挥数学问题在培养人的思维能力方面的独特作用。

第二节　生疑，引发学生积极思维

如果说设疑的主体更多是教师，那么生疑的主体就是学生。生疑，既是对设疑的反应，也是发现问题、提出问题的过程。

好奇心是儿童的天性。小学生总是试图通过提问来探索、揭开这个抽象的数学世界。可以形成共识的是，若问题来自学习者自身的内在需求，其学习的内驱力无疑是最足的。需要明确的是，这里的问题应当有一定的探究价值，这样才能更好地诱发深入的数学思维，促进深度学习的真正发生，更好地体现生疑的核心教育价值。

一、营造生疑氛围

生疑，需要全体参与。

发言不是举手者的专利。当然，举手的孩子发言的次数会多一些，但绝对不是只有举手的孩子才有机会回答。为了让所有孩子都进行思考，教师提问之后，可以请没有举手的学生试着回答，即使回答不正确、不完整也没有关系，随着时间的推移，慢慢地，思维较一般的孩子也会有所发展。

教师需要保持清醒的认识，每一个学生都应有生疑的权利，都应在生疑中引发积极的思维，从而促进自身的成长与发展。教师需要面对全体学生，尽管学生提问的质量有待提高，所提出的问题未必都适合研究，但我们仍要对学生发现问题、提出问题的潜能给予信任，积极营造生疑氛围，避免生疑只存在于少数人之中的不均衡发展现象。因此，教师要精准把握学情，巧引认知冲突，妙用方式方法，激活更多学生的生疑动力，建设良好的心理环境和课堂氛围，为学生营造发现问题、提出问题的适切教学氛围。

以下是郭轶靓老师执教“周长与面积”（沪教版）的教学片段。

师：请根据给出的条件，选择1—2个合适的条件，提出数学问题。

①长方形作品的面积是50dm²

②长方形作品的周长是30dm

③正方形作品的面积是36dm²

④正方形作品的周长是24dm

⑤长为10dm　⑥宽为5dm　⑦边长为6dm

生：我选①⑤，问长方形的周长是多少？

生：我选③⑦，问正方形的周长是多少？

生：我选②⑥，问长方形的面积是多少？

生：我选⑤⑥，问长方形的周长和面积各是多少？

生：我选①②，问长方形的长和宽各是多少？

师：你们的这些条件和问题结合在一起，都有解吗？

生（不确定）：最后一个应该不行吧？

生（思考）：前三题就是我们今天学习的，无论从周长到面积还是从面积到周长，只要有一条长或宽就能求出。所以前三题都选了周长或面积作为一个条件，选了长或宽或边长作为第二个条件，那么求周长或面积都有解了。

生：我觉得第4题也可以，这是我们以前学的，给出长和宽就能求出周长和面积了。

生：所以最后一个肯定不行呀！只告诉我们周长和面积，“钥匙”都没有，怎么求长和宽呢？

生：我觉得可以，长10 dm、宽5 dm不就是答案吗？

生：但这个答案是你试出来的，不是算出来的。

师：你们太了不起了！不仅能结合以前学的、今天学的提出那么多数学问题，还能对一些没学过的知识进行讨论。

教师通过“给条件、提问题”，引领学生深度思考知识点之间的联系并将它们融会贯通，进而人人参与生疑，在集体反馈中表达不同想法；又通过学生提出的问题以及对问题有效性的思考，激发学生进一步生疑：“这样的结合，都有解吗？”特别是围绕最后一个问题的有效性讨论，让学生又一次生疑。也许对教师而言，这是一个二元一次方程就能解决的问题,但对儿童来说,他们既能在条件间的联系中找出答案,又能对问题有效性和方法质疑。当学生经历了从生疑到无疑而后再次生疑的过程后,他们提出问题、发现问题的能力自然会得到提升。久而久之,生疑的氛围逐渐形成,更多的学生才会拥有怀疑的立场、怀疑的想法,才会愿意质疑、勇于质疑、学会质疑。

二、留足生疑时空

生疑,需要充分等待。

儿童虽有生疑的天性,但若要短时间内提出一个有质量的数学问题并非易事。作为教师,关键时刻需要做好充分等待的准备,指引好方向,给思考中的学生留足生疑的时空,促使他们基于自身已有认知去探索、发现问题,进而自发地提出问题,绝不可急于求成,导致流于形式。

教育是慢艺术,尤其是让孩子做他们不太擅长的事——提出数学问题,所以教师需要留出点时间,耐心地等一等,或许会有不一样的变化,好比罗汉取水的故事。

六月,天气炎热,佛陀一行走在路上。大家都觉得口渴难耐,佛陀看了看头上的太阳,对弟子罗汉说:“前边有一条小河,你去取些水来,大家就在这里等待,暂时都不要走了。”

弟子罗汉提着装水的皮囊来到了小河边,由于天气炎热,一条小河已经被蒸发得成了一条小溪。而路人都来这里取水,车马还从小溪中穿梭而过,溪水被弄得十分污浊。

罗汉无奈,只好提着皮囊回到佛陀的身边,告诉大家那水已经很脏,无法将它取回来解渴做饭。有人建议佛陀带领大家继续前行,去找另一条河。

佛陀看看头上的太阳,再看看疲惫不堪的众人,对罗汉说:“你还是去那里取些水来吧,吃了饭我们再赶行程。”

罗汉心想:那条小溪的水怎么能喝呢?再去也是浪费时间。但佛陀已经下了指令,他只好提着皮囊再次来到溪边。溪水依然污浊不堪。这一次,罗汉不敢空手回去,便从小溪里取了半袋泥水回来。佛陀看了看污浊的泥水,对罗汉说:“我不是不信任你,你没有必要取半袋泥水回来给我看,而是应该等在那里,等着事情自己变化。”

这时，罗汉说出了自己的心里话：“我们应该尽快赶路，如果我们去寻找另一处水源，大概就不是这种情况。”

佛陀摇摇头，笑道：“不，这不符合天下人做事的道理。也许另一条河也是这样，那你又该怎么办呢？现在你再回去，还是到那条河里去取水，这才是最方便的办法，也是我们做事的一贯道理。”

罗汉面带难色地说：“难道有什么办法使那溪水变得清澈纯净吗？请师傅指点。”

佛陀笑着说：“你什么也不要做，只要等在那里就行，否则你将会使溪水变得更为混浊。”听了佛陀的话，罗汉半信半疑地又返回溪边。这时流动的溪水已经带走了枯叶，水里的泥沙也渐渐沉淀了下去。又过了一会儿工夫，整条小溪变得清澈明亮了。罗汉赶紧拿出皮囊，兴奋地装满溪水往回走……

如故事所言，等待就能出现好的结果。而相关的科学实验也说明了这一点，比如，美国学者罗威通过有关等待时间延长的实验发现，在那些把等待时间延长了1—5秒的课堂上，发生了下列可喜的变化：(1)学生回答的平均时间延长；(2)学生回答的主动性和正确性提高；(3)学生不能回答问题的可能性降低；(4)学生思考之后回答的现象增加；(5)学生从事实推论得出的论述增加；(6)学生的提问增加；(7)学生作出的贡献更大。

虽只多了5秒，却有这么喜人的效果。而有的教师却常以教学内容多为由，没有等待，也不肯等待。这就会导致这样的教学现象产生：原本是借助知识，培育未来，现在却是丢了未来，只剩下知识。

对于生疑，学生若有时间上的过程体验或时常能获得发现问题、提出问题的快乐，自然不会痛苦地躲开。

三、引发集体智慧

生疑，需要交流碰撞。

对以具象思维为主的小学生而言，学习抽象数学知识时往往存在一定困难，一个人的知识积累往往不够，因此生疑的引发、提升更需集体的智慧。这是教师要下功夫的地方，要给出专业的引导，对方法与技巧进行点拨。

没有独立思考的交流，往往会成为部分思维敏捷的学生的“独角戏”。为了避免出现这样的情况，应让所有孩子都有思考的机会。在要求讨论时，先让学生独立思考,一段时间后,再组织学生进行小组讨论,每个孩子都带着自己的观点和想法进行交流、碰撞。比如,不妨先让学生独立思考三个问题:刚才的问题中,哪些其实是同一个意思?哪些其实可以看成是同一类问题?哪些是值得深入探究才能知晓的?然后组织同学之间进行交流,形成碰撞。有如此反复学习思考的经历,学生可对自己所提的问题进行筛选,对问题背后的本质进行思索,从而提出更有深度或更有挑战性的问题,积极的思维得以自然流露。

因此,生疑是独立思考之上的集体智慧。教师必须基于个体的独立思考,顺势运用同桌讨论、组内交流和集体反馈等形式,引领学生在集体层面进行思维的碰撞,帮助学生筛选出好问题,不断提高生疑的质量,使积极思维有方向、常态化。

第三节　释疑,丰富学生学习过程

释疑,就是分析问题、解决问题。

释疑过程是教学的重要部分,是学生经历由困惑到明了的过程,在认知失衡后实现顺应。学生在探索中获得知识的同时,原有的疑惑和问题也得以解决,新旧知识在顺应同化中联结成新的认知结构。从某种意义上看,释疑是某个时间点上知识和方法的节点,起着检验学习者的学习效果、学习程度或学业水平的重要作用。所以,只有充分重视学生的释疑过程,丰富学生的学习过程,方能引领学生走进数学的理性世界,将深度学习落到实处。

一、问题引领,深度思维

释疑过程是儿童数学学习中思维爬坡的过程。在这个过程中,教师要让学生在复杂的情境中思考,在思维爬坡中去发现、去探索以获得进步。

郑毓信先生的《新数学教育哲学》一书中,在论及问题引领思维发展时,引用了成尚荣先生对于疑趣课堂的论述:我们显然也可更好地认识"问题引领"对于数学教学的特殊重要性。特别是,正如以下论述清楚表明的,我们应当努力做到"疑趣结合",即让学生感到"既有趣又有疑,既有疑又有趣,是疑和趣和谐共生","'疑趣'的本质是思维的挑战性和情感的生动性。疑,是一种深度的思维,是一种批判性思维，……趣，也应视作思维，是深度思维的外在表现。……疑和趣相伴而行，相互支撑，相辅相成，更有思维的含量。值得关注的是，这一过程始终伴随着情感"。①

关于问题引领的重要性，在一次国际研讨会上亦有体现。在 20 世纪 70 年代，数学和数学教育领域开展了一次讨论，讨论的主题是"在数学、数学教育中，什么是最重要的?"。著名数学家哈尔莫斯写了一篇阶段性总结文章，他认为在数学中，问题是最重要的。问题即"疑"，是数学思维的核心体现。它能从数学学科具体、好玩的属性出发，将数学学习演变成数学化的过程，从现实原型抽象出相应的数学问题进而展开抽象、理性的纯数学内部研究，再将研究结果运用于解决具体的实际问题中。问题的形成、研究和运用如同抛起数学这枚硬币，将数学的两面属性交织在一起，循环往复。因此，我们要精心设计数学问题，以此引领学生的思维走向深度。

以下是笔者执教"平均数"的教学片段。

师：现在，请大家观察下面的三幅图，想一想，看一看，再讨论讨论有什么发现。

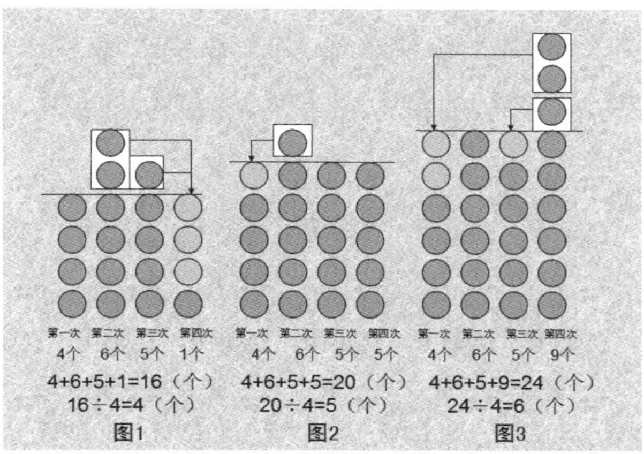

（学生独立思考、讨论后，再全班交流）

师：谁来说说你的发现?

生 1：我发现，每一幅图中前三次不变，而最后一次各不相同。

生 2：最后的平均数也不同。

---

① 成尚荣."疑趣"的内涵与价值[J].小学教学，2015(4)：53.

师:看来,要使平均数发生变化,只需要改变其中的几个数?

生3:一个数。

生4:前三个数始终不变,但最后一个数从1变到5再变到9,平均数也跟着发生了变化。

师:难怪有人说,平均数这东西很敏感,任何一个数据的"风吹草动",都会使平均数发生变化。现在看来,这话有道理吗?(生:有)其实呀,善于随着每一个数据的变化而变化,这正是平均数的一个重要特点。

生5:我发现平均数总是比最大的数小,比最小的数大。

师:能解释一下为什么吗?

生5:很简单。多的要移一些补给少的,最后的平均数当然要比最大的小,比最小的大了。

师:其实这是平均数的又一个重要特点。利用这一特点,我们还可以大概地估计出一组数据的平均数。

生6:我还发现,总数每增加4,平均数并不增加4,而是只增加1。

师:那么,如果这里的每一个数都增加4,平均数又会增加多少呢?

生7:应该增加4。

师:真是这样吗?课后,同学们可以继续展开研究。或许你们还会有更多的新发现!不过,关于平均数,还有一个非常重要的特点隐藏在这几幅图当中。想不想了解?

生(齐声):想!

师:以图1为例。仔细观察,有没有发现这里有些数超过了平均数,而有些数还不到平均数?(生点头)比较一下超过的部分与不到的部分,你发现了什么?

生1:超过的部分和不到的部分一样多,都是3个。

师:会不会只是一种巧合呢?让我们赶紧再来看看另外两幅图(指图2、图3)。

生2:(观察片刻)也是这样的。

生3:超过的部分和不到的部分还是同样多。

师:奇怪,为什么每一幅图中,超出平均数的部分和不到平均数的部分都一样多呢?

生4:如果不一样多,超过的部分移下来后,就不可能把不到的部分正好填满。这样就得不到平均数了。

生5:就像山峰和山谷一样。把山峰切下来,填到山谷里,正好可以填平。

如果山峰比山谷大，或者山峰比山谷小，都不可能正好填平。

师：多生动的比方呀！其实，像这样超出平均数的部分和不到平均数的部分一样多，正是平均数的第三个重要特点。把握了这些特点，我们可以巧妙地解决相关的实际问题。

二、充分经历，自主建构

释疑过程是儿童数学学习中自主建构的过程。在数学知识中，总有一部分内容是非常重要的，在数学历史发展过程中属于关键。皮亚杰指出，各个个体的认识发展在一定意义上可被看成人类认识的整体性发展在较小范围内的重演或缩影。对于这类知识的学习，理应让学生充分经历过程，自主建构。我们可以利用数学教育家弗赖登塔尔的“再创造”方式组织学生学习，让学生体验数学形成与发展的过程，感受并体会数学知识的产生是自然的，从而更好地了解数学知识在数学内部的需要及其在和谐发展中形成的思想背景与承担的功能，达到对知识更深刻、更精确的理解和把握。①

“用数对确定位置”便是一个很好的例子。

先建构一维上的规定，用一个数来确定位置。利用公交车站点的站牌，让学生通过观察、思考、交流，引出确定位置的要素——起点、方向、顺序，并在站牌上创造出数学形式的规定（如图 4－1），形成类似数轴形态特征的横向“整标数线”，从而让学生直观理解“一条线上的位置可以用单个数来确定”。

图 4－1　站牌

① 季国栋.理性对待 智慧处理——浅谈“数学规定”的教学[J].教学月刊(小学版 数学)，2013(12)：24－29.

再建构二维上的规定,用两个数来确定位置。在这个自主建构数学规定的过程中,学生的水平也是有所不同的。有的学生用含有数的语言说出小红的位置是"第 5 列第 4 个"及"第 4 行第 5 个";有的学生在座位图边缘画出了与列数对应的横向"整标数线"和与行数对应的纵向"整标数线",构成了类似直角坐标系形态特征的"直角整标数架"(如图 4-2)。由于观察角度和书写方式不同,学生由 5 和 4 两个数得到不同的表示形式,从而产生歧义,引起争论,进而自然地再次进行自主建构并将数学规定补充完整:在数学中,人们把表示第几列的数写在前面(从左往右数),把表示第几行的数写在后面(从前往后数),中间用逗号隔开,再用表示整体的小括号将这两个数括起来。

图 4-2 座位图

在探寻课题学科背景、分析知识内涵价值的基础上,从数学知识形成和学科思想渗透的高度,促使学生自主建构数学规定的过程,是数学教学中不可或缺的一部分,是师生共同开发教材与经历成长的动态过程,是师生共同理解、感受、体验、欣赏数学的重要途径。这种经历数学规定"再创造"过程而获得的知识是那么的鲜活和牢固,因为这是学生自我建构所得,而且在这个过程中,学生不仅体会到以"点(位置)与数(数对、数组)对应"为内核的坐标思想,还感受到数学原来并不高深莫测,并不来自权威和书本,也是可以自己创造的,体会到数学中出神入化的创造性思想活动。

三、回顾提炼,拓展延伸

不要走回头路,但要记得经常回头看看来时的路。① 柏拉图也表达过这样的意思:我们期待得到的东西,其实在此之前已经属于我们。但是这份"属于"并不是清晰明了的,常言道"身在福中不知福",成人有时身处其间都不能体悟,更何况是儿童呢? 因此,对知识获得的回顾与品味在整个释疑过程中也是非常重要的,数学学习中,往往回过头来看的时候,会产生一种豁然开朗的感觉,发现知

① 季国栋.走好自己的路[J].小学教学,2015(4):1.

识可以融会贯通，如此才能更好地让学生在亲历过程中获取经验，从经验走向数学。

一个人的智慧，常常表现于过程，而与结果无关。儿童的学习应该是一个带着自己的问题走进教室，带着新的问题离开教室的过程。数学学习就是帮助儿童从有疑到无疑而后再次生疑，拓展学生思维。如同古代哲人所言，“莫向前去”之处，恰是我们“再向前去”的地方。

以下是笔者执教“用数对确定位置”的教学片段。

师：世界上的万物，只要通过一个数学形式上的规定，就能确定它的位置。这是什么？（课件显示魔方）

生：（有点疑惑）魔方。

师：你能确定这上面的每一块的位置吗？

生：（思考）不能。（学生窃窃私语，有不同的意见出现）

师：如果能确定，现在还是用两个数吗？

生1：（很兴奋）用三个数。

生2：要表示出第几层第几行第几个。

师：太了不起啦！看来只要先创造一个数学形式的规定，就能确定位置了。想看看吗？

生：（很期待）想！（课件显示上图）

师：今天我们先学习了一条线上的位置是用几个数来确定的？

生：用一个数来确定。

师：后来小红在教室里的位置用几个数来确定？

生1：用两个数确定小红的位置。

生2：也就是今天主要学的数对。

师：现在立体的图形呢？

生：用三个数吧。

师：我们将在以后的课程中学习立体图形的位置确定，感兴趣的同学课后可以研究。

李开通老师在执教“表面积的变化”一课时,也引导学生进行课后拓展实践,以下是具体要求。

(1) 想一想:如右图,将一个正方体竖着切开,表面积会发生什么变化? 切一刀、两刀、三刀……

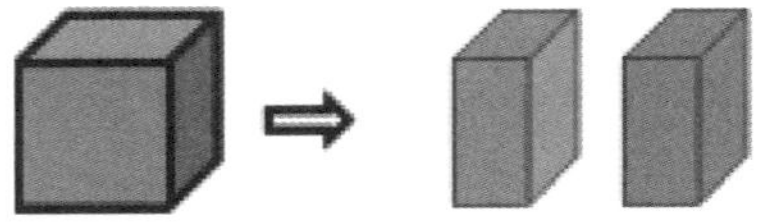

(2) 从环保节约的角度思考,你对小胖的设计方案有什么更好的建议吗?(小胖设计了一种包装箱,正好能装 24 个棱长为 1 分米的正方体盒子,如下图)

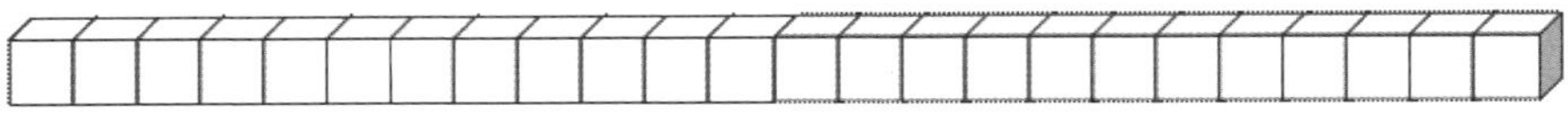

(3) 今天我们主要研究了多个相同的正方体拼成长方体后表面积的变化情况,如果是多个相同的长方体拼接在一起,又会是怎样的情况呢?

在课堂总结之后,我们往往就结束了对知识的探究。其实,数学学科的学习内容因其内在知识体系的逻辑性与系统性,知识或方法上都存在很强的相通性,很多数学知识都可以延伸到课外进行深层次的实践研究,有助于学生发散思维,用数学的思维思考现实世界。因此,在课末,教师精心设计了三个不同思维层面的实践性问题,供不同层次的学生自主选择:第一个问题是和本节课一直出现的“拼”相反的研究,属于逆向思维实践;第二个问题是再次挖掘包装问题,拓展延伸,将数学运用于生活;第三个问题是利用知识迁移进行类比研究,与后面的学习内容对接。在这个过程中,教师引导学生从问题中来,经历解决问题的一般过程,掌握解决方法,再回到新的问题中,学以致用。设疑—生疑—释疑,螺旋上升,可以不断地锻炼学生解决问题的能力,使他们从不同思维层面延伸探究,发散思维,提升空间观念,进一步发展数学思维,为后续的学习进行铺垫。

作为提升学生分析问题、解决问题能力的关键部分,释疑的过程既要充分关注方法,也要充分关注途径;既要考虑数学内容本身,也要考虑儿童实际;既要求“同”,又要存“异”。教师要以所学内容的结构体系、逻辑关系、儿童的认知规律和认知特点为基础逐渐深入,以问题为引领,让学生充分经历自主建构的过程,在明理的同时发展思维,享受数学生活。

第五章

疑趣课堂的“三趣”教学策略

前文主要阐述了疑趣课堂中如何有效实施“三疑”的教学策略。“三疑”循环往复，螺旋上升，可持续发展学生的数学思维。在这个学生认知不断突破和上升的过程中，自然需要“疑”和“趣”相伴而行，立体交融，和谐共生。

如何将学生数学学习的情趣和理趣交织其中，并升华、凝练成志趣，让学生感到有意思、有味道、有志向？本章着力从“趣”的视角，鞭辟入里，循序渐进地阐述情趣、理趣、志趣三个层面的有效教学策略。

第一节　情趣，让学生感到有意思

情趣，是直接、具体、感性的，对儿童来说，有情趣才有吸引力。

数学与现实的交互，也是理性和感性的交互。数学知识的形成过程，有一部分就是现实原型中抽象出数学知识，从特殊中来，从感性到理性；数学知识的应用过程，有一部分就是数学解答建模到生活实际中，到一般中去，从理性到感性。在这一交互中，要让学生体会到数学是有意思的，是好玩的。

一、选择现实素材时凸显情趣

不是所有的数学学习都可以实现从现实走向数学，从感性走向理性。有些知识纯属数学内部的规定，不需要从数学外部引入；有些受小学生知识水平的限制，尚不具备从数学内部揭示其来龙去脉的条件，只能联系现实原型加以讨论。虽然许多内容都能在现实生活中找到相对应的原型，但教师还是要精挑细选，这样才能让学生感受到这份"从特殊中来"是多么富有情趣。

建构主义理论作为中小学数学课程改革的指导理论之一，强调数学学习中的学生参与，疑趣课堂通过设计有意思的问题情境，促进学生在课堂学习中的参与，引导学生在现实原型中抽象出数学知识。如果没有学生的积极参与，课堂教学就不可能取得好的效果，学生参与课堂的程度将影响课堂效率的高低。让学生经历从"生活"到"数学化"的过程，有利于学生在原有的经验上与抽象的数学知识建立联系，进而促进学生对所学内容的理解。有意思的问题情境，可以激发学生的学习兴趣，让他们产生积极的情感体验，进而主动参与课堂学习。研究表明，学生投入教学中的情感体验影响着学生的认知过程，积极的情感能够促进学生认知的灵活性，影响他们解决创造性问题的过程，使学生在做出决定时深思熟虑。① 简言之，课堂吸引学生，学生才会参与课堂。

在顾泠沅先生领衔的"青浦实验"中，概括出的四大原理之一"情意原理"也指出，教师应该积极创设问题情境，与学生一起对某些问题进行考察，逐渐造成

---

① 周小山.新课程视野中的数学教育[M].成都：四川大学出版社，2003.

认知冲突,激发学生的求知欲,提高思维的积极性。可见,问题情境的创设,有利于激发学生的求知欲和好奇心,吸引学生参与到课堂中。“青浦实验”中的经典案例是一节关于“对数表”的内容,教学开始就用一个小实验及猜想深深地吸引住了学生。上课铃声响后,一位女老师走进教室,拿出一张纸对学生说:“这张纸厚约 0.083 毫米,现在对折三次,厚度还不足 1 毫米,要是对折三十次,请同学们估计一下厚度是多少。”学生纷纷猜测。老师说:“我经过计算,这厚度将超过十座珠穆朗玛峰叠起来的高度。”学生们都很惊讶,根本不相信。在这一情境中,有趣的问题吸引了学生,激发了学生的探索精神,进而使他们积极主动地参与到课堂中。

在疑趣课堂中,教师在课堂教学前首先要思考的问题是:这节课吸引学生参与课堂的素材是什么?学生是否能体会到本节课的学习情趣?教师不仅可以在课堂教学的开始,通过有趣的情境吸引学生,也可以在课堂教学的其他环节,通过有情趣的素材激发学生学习的动力。

比如教学“用数对确定位置”时,可以选择出行乘坐动车的例子,根据车票选择对应的位置候车。这虽是日常生活中的小事,却也是学生感兴趣、易明白的事。显然,我们可以让学生在精致化的生活经验中,循着感性中的浅白之理,向着数学的理性认识迈进,从而生成数学理性知识,“具象的出场是为了它的退场”。

以下是笔者执教“用数对确定位置”的教学片段。

师:我们今天学习确定位置。看到这个课题你想到什么?(板书:确定位置)

生 1:确定谁的位置?

生 2:我想到用 GPS 就能准确确定位置了。

师:世界上的万物都有各自的位置,学校有学校的位置,家有家的位置,我们在课堂中也有自己的位置。季老师有一次坐动车出差,到了站台上,也没有谁来引领,不知从何处上车,我发现站台上有这些。(出示下图)

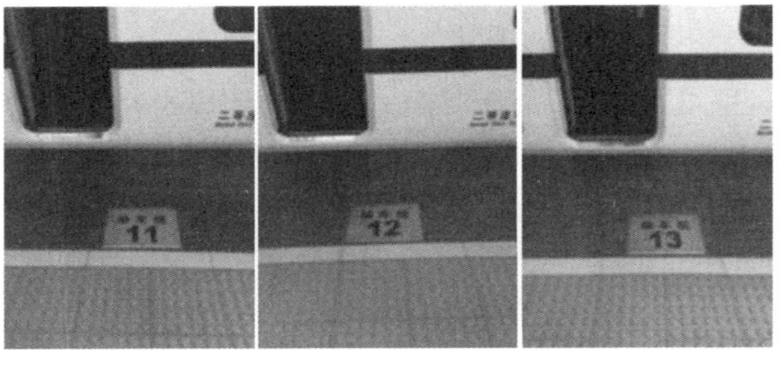

生：(用手边指边说)11、12、13。

师：季老师的车票上是第12节车厢，大家觉得我应该做一个什么选择？

生：站在12的位置上等。

师：正如你所说，当时季老师就等在12的地方。没过一会儿，动车来了，第12节车厢也就正好停在12的位置上。我就这么顺利上车了。通过这件事，思考一下，这12写在这儿有用吗？

生1：有用，不会让乘客走错车厢。

生2：乘客不会拥挤到一个车厢。

师：也就是说凡是买到第12节车厢车票的乘客应该到12这个位置去等候上车。

生3：有了这个12，动车司机也就知道第12节车厢停靠的位置，让等候的乘客一下子就能上车。

师：你看，乘坐动车，就用这么一个数，确定了乘客上车的位置，也确定了动车停靠的位置。而且表达这个位置非常——

生：准确。(板书：准确)

师：为什么不写第12节车厢，只写12能明白吗？

生：能明白。这个12就表示第12节车厢。

师：对呀，设计的时候不全写出来，只用一个数，这样的表示除了准确之外，还有什么特点？

生1：简单。

生2：简洁。(板书：简洁)

师：生活中往往就是这样，站台上一个数就确定了位置，多么准确、简洁，今天我们这堂课就带着这么一个标准(手指板书)去进行一些数学上的创造。

可见，疑趣课堂创设的问题情境符合学生的认知特征。对于低年级的学生，要设计有意思、好玩的情境；对于高年级的学生，要设计有价值、有用的问题。利用学生的好奇心理，激发学生的探究欲望，促使学生在探究过程中学习新知。

二、运用数学知识时彰显情趣

用数学知识解答实际问题，属于从理性到感性，是数学知识"到一般中去"。

这个过程也需要设计精妙的练习,让学生在应用数学知识时,体会到数学的妙趣横生,觉得有意思。

疑趣课堂不仅通过设计有意思的问题情境,吸引学生参与到课堂学习中,引导学生在现实原型中抽象出数学知识,也通过设计有情趣的习题,吸引学生投入到问题解决中,在实际应用中建构数学模型,进而提高问题解决能力。当学生能够应用数学知识解决有趣的生活实际问题时,他们会渐渐达到喜欢做题的境界,这就要求设计的练习有情趣,能提升学生的综合运用能力。

同时,疑趣课堂的作业设计也要符合当前数学作业的发展趋势,问题设计要充满情趣,让学生喜欢做。一言以蔽之,设计让学生喜欢的习题是教师今后努力的方向。随着新课程改革的深入推进,学生学习负担过重这一问题不容忽视。作业设计缺乏趣味性,学生疲于应付针对基础知识的机械练习,这是学生当前学习负担过重的原因之一。从学生的能力发展角度看,当前学生问题解决能力差,缺乏创造力,也折射出教师习题设计的片面性、单一性等问题。这些问题的存在,迫使教师要设计一些能够检测学生的数学思考、问题解决等能力的习题。有研究指出,当前练习中关于数学问题的设计,往往条件、信息是充足的,但都是不多不少,学生习惯于在此背景下进行数学学习。但现实社会中,学生需要从众多信息和条件中选择有利于或适合解决问题的,这是学生必备的一种能力。基于这样的事实,教师需要设计以学生能力发展为取向的来自生活实际的趣味性问题,这样不仅可以提高学生做作业的兴趣,使原来枯燥的、抽象的数学知识变得生动形象,还能提高学生的问题解决能力。

笔者在教学“毫米和分米”一课时,利用学生都想当智慧侦探的心理安排练习,设计“柯南破案”,让学生体会到学以致用,感受到成功的快乐。① 以下是具体的教学片段。

【案件一:少了谁?】

屏幕演示:

四个长度单位按一定的顺序排队,发现少了一个,它是谁呢?

师:柯南找到了两条线索。

---

① 郭红莉.初中数学课如何创设生动的教学情景[J].未来英才,2015(16):75.

屏幕演示：

线索1：这个长度单位本应排在第二位。

线索2：它和米更接近。

师：同学们可以把长度单位整理排序，也可以用手势再次比画比画。

生1：我认为少掉的是分米。

生2：我也认为少掉的是分米，因为它和米最接近，排在第二位，符合柯南找到的线索。

师：大家真的都是破案高手，让我们看第二个案件。

【案件二：还原真相】

屏幕演示：

中午，我走了200厘米远的路来到学校，坐在50米高的凳子上，拿出1毫米长的铅笔和5分米厚的练习本，开始做练习。

（生哈哈大笑）

师：都发现问题了，我们要还原哪些真相呢？

根据学生的回答，屏幕上的句子逐一改为：

中午，我走了200米远的路来到学校，坐在50厘米高的凳子上，拿出1分米长的铅笔和5毫米厚的练习本，开始做练习。

【案件三：算式的复活】

屏幕演示：

5（　　）＋5（　　）＝1（　　）

生1：5厘米＋5厘米＝1分米

生2：5分米＋5分米＝1米

生3：5角＋5角＝1元

生4：5毫米＋5毫米＝1厘米

生5：5分＋5分＝1角

通过上述练习，学生既巩固了知识，又发散了思维，达到了灵活运用所学知识解决问题的目的。

这样的习题设计形式新颖，符合学生的心理特征，学生能够表现出极大的兴趣,进而利用所学的知识参与到“案件”的侦破中。学生在解决这些实际问题的过程中,不是机械地回忆所学长度单位,而是学以致用。案件一帮助学生厘清了所学长度单位之间的进率关系,有助于他们对四个长度单位进行结构化的整理。案件二以“还原真相”激发学生参与到问题解决中,有助于他们在生活情境中应用长度单位,建立长度单位的量感。案件三通过一个让学生觉得困惑的算式,培养学生的发散性思维,促使他们思考不同长度单位之间的关系,使得算式成立。可见,不管是课堂教学的导入还是作业的设计,都需要激发学生以积极的态度投入到学习中。正如克鲁切茨基所言,对于一种活动的适合性(成功地完成这种活动的能力或在广泛意义上的能力),不是只受严格意义上的能力的影响,而可能受包含着智力的、情绪的和意志的整个基本个性特点的复合的影响。总而言之,学生参与活动的情况,不仅受能力因素的影响,还受性格特点、对活动的态度等因素的影响。(如图 5 - 1)

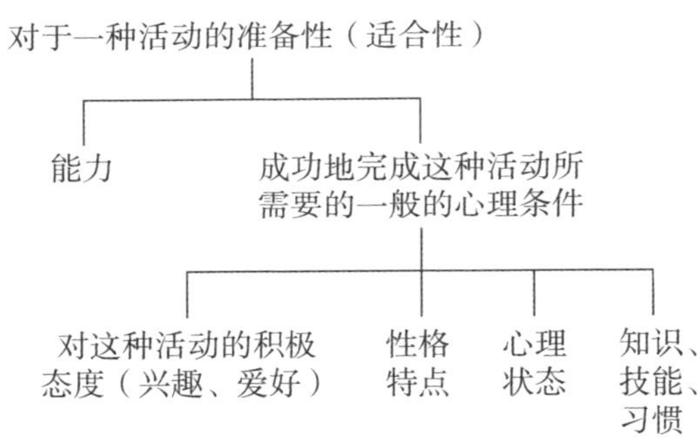

图 5 - 1　活动的准备性

第二节　理趣,让学生感到有味道

理趣,是间接、抽象、理性的,对数学来说,有理趣才有价值。①

数学知识内部的发展也是理性的发展。数学教学中需要触动学生的心灵,使学生对数学理性产生兴趣,感悟到数学的鞭辟入里、洞悉幽微,觉得有味道。

① 季国栋.情趣与理趣:数学学习的双翼[J].小学教学,2010(24):18 - 19.

数学知识在发展中有一类是主观性较强的知识，是长期以来由于某种原因而人为规定或约定俗成的，通常被称作“数学规定”，如规定的数学命名、数学符号、书写格式、数学法则等。数学规定的内容在小学数学知识体系中也占有一定的比例。

法国作家司汤达有过这样的经历和感触。当时学校流行一句顺口溜：负负得正，正负得负；无须证明，只管记住。但小司汤达一点也不理解，老师也没有对此作出解释，后来他回忆道：“当我发现没有人能解释负负得正的原因时，你能想象我的感受吗？对我来说，这个没有解释的难题真是够糟的了（它既然能导致正确的结果，无疑也应该可以被解释）。而更糟的是，有人用那些显然自己都不清楚的理由来为我讲解。”后来他的老师被问得没办法了，只好用债务打比方来解释负数。司汤达更加困惑了，他以幽默的笔调写道：“一个人该怎么把 10000 法郎的债与 500 法郎的债乘在一起，好得到 500 万法郎的收入呢？”

小司汤达及其伙伴的处境正如斯坦因所说：数学之所以让孩子们生厌，是因为它可以作为一套毫无乐趣或用处的数的计算程序来介绍。随着机械练习的不断增加，孩子们渐渐对它疏远起来。最后，当孩子们听到一种神谕似的宣告——“为了除以一个分数，你要上下颠倒而后相乘”或者“负数乘负数得正数”的时候，这种疏远就达到了顶点。

从法国作家司汤达身上，我们可以明确感受到：一是数学规定需要解释，学生有这份期待；二是数学规定的解释需要有理有据，并且要让学生能够接受。

一、说缘由，让学生明白数学中的“理”

数学并不是一种形式严格、思想固化的另类东西。数学发展的历史充分表明，创建数学的基石是人的自由思想。现代数学的鼻祖康托说，数学的本质是自由。数学中的规定同样也蕴含着丰富的自由思维，我们不应只看到它的历史规定性，更应看到其源头闪烁着人类的自由思维。

比如：正数前面不写正号是因为生活中正数用得比负数多，规定正号能省略，就是追求更便捷；2 月的天数少是因为古罗马死刑都是在 2 月执行，人们觉得这个月不吉利，就把这个月减去一天；厘米用 cm 表示是因为厘米的英文单词是 centimeter，取它的缩写就是 cm……数学规定和其他规定一样，都具有必要性、合理性和最优化。比如:为了与国际接轨,便于交流,我国才规定零是自然数;为了便于长度单位间的换算,就规定两个相邻的长度单位之间的进率都是十,与计数的进制相统一,所以 1 厘米=10 毫米;根据合数的定义,1 显然不是合数,而根据质数的定义,则可以把 1 看作质数,但是为了确保“一个大于 1 的整数,如果不管质因数的次序,分解质因数的结果是唯一的”,我们规定 1 既不是质数也不是合数。可见,数学规定本身不是冷峻的,而是温情的,不是枯燥的,而是有意趣的。

再如运算符号的规定:加号是在一横上加上一竖,表示“合并”“添上”“增加”的意思;减号是从加号里拿走一竖,表示“去掉”“减少”的意思;乘号是和加号有关系的,将加号转动 45°变成乘号,表示特殊的加,即同数连加;除号先写中间一横表示平均分,上面、下面各一点,表示每份同样多。关于这些规定的解释放在历史的背景下来考察,可能并非符号原创者最初的想法,与符号演变史实也有些许出入,但可以说是基本符合符号本义的教学艺术加工,能让孩子们感受到数学不仅理性,而且充满温情和趣意。

以大家熟知的“用字母表示数”为例,关于字母和字母相乘、字母和数相乘的规定,就应该直截了当地揭示给学生,或让学生自行阅读教材,或向学生讲述童话故事,无须进行研究和猜想。

以下是笔者执教“用字母表示数”的教学片段。

师:含有字母的乘法式子还有更简单的写法,想了解吗?

生:(迫切)想。

师:请你先静静地看完友情提醒,再进入“自学世界”。(呈现:含有字母的乘法式子可以怎样简写?字母和数相乘,简写是谁写在前?)

生 1:$C=a\times4$ 简写成 $C=4a$。

生 2:$C=a\times4$ 简写成 $C=4\cdot a$。

师:读的时候还读 a 乘 4。这三种写法你会选择哪一种?

生:选择 $C=4a$,因为最简单。

师:那么 $S=a\times a$ 呢?

生 1:可以写成 $S=a\cdot a$。

生 2:还可以写成 $S=a^2$,在 a 的右上方写个小的 2。

生 3:我会选择 $S=a^2$,因为这条简单。(学生纷纷点头)

师:(指着 $S=a^2$)怎么读?

生:S 等于 a 的平方。

师:a 的平方表示什么?

生:两个 a 相乘,a 乘 a。

师:那 $b\times b$、$c\times c$ 呢?

生:$b\times b$ 写成 b^2,$c\times c$ 写成 c^2。

师:非常正确。你觉得还要注意点什么?

生:字母与数字相乘,数写在字母的前面。

师:你们的汇报完整、精彩,老师很欣赏。

师:只有在含有字母的乘法式子里,不管是数与字母相乘,还是字母与字母相乘,可以是相同的字母,也可以是不同的字母,乘号可以简写成点,也可以省略不写,数要写在字母之前。在刚才的自学中你还知道了什么知识?

生 1:a 与 1 相乘还是写作 a。

师:你能发现这么重要的知识,真是个会学习的孩子。你能说出其中的道理吗?

生 1:因为 1 乘以 a 表示 1 个 a,还得 a。

师:几位同学的发言给了我们很大的启发,真心地谢谢你们!(鼓掌)

有位教师在教学分数各部分名称时,是这样处理的:先引导学生观察 $\frac{2}{3}$ 这个分数,说这像是一家人,然后请学生猜一猜分数 $\frac{2}{3}$ 各部分名称。学生说“3”是分数爸爸,“2”是分数妈妈,“—”是分数宝宝。教师提示:“3”叫作分母,“2”应该叫什么呢?有的学生说是分父,有的学生说是分女。教师继续引导:“2”如果是男孩,可以叫什么?学生说“2”可以叫作分子。这时教师才如释重负,露出满意的笑容。

显然,猜想分数各部分名称是这节课的败笔。猜想是指人对客观规律认识的前奏,而分数各部分名称只是人为的规定,并非客观存在的规律。对这类规定性的内容强拉硬拽地进行猜想和探讨，不但毫无思维价值，浪费宝贵的教学时间，有时还会适得其反，给教学带来负面影响。

二、举实例，让学生理解数学中的“理”

在数学教育过程中，仅仅述说那些脱离了具体内容的数学是不够的，应当通过各种生动的事物和教学过程，启发学生理解那些数学符号、公理体系和论证形式的内涵，培养学生学会思考，学会质疑，学会创造。疑趣课堂中，说明数学的“理”，是说明而非论证。我们生活的世界实在是太复杂，以至于几千年数学实践告诉我们的道理是：任何一般性的论述一旦被赋予了具体的内容，就必然是经验的，就必然会出现反例。在数学教学的过程中，我们只能通过举例来说明道理，而不能通过举例来论证道理。

数学的原理与现实的事理存在相当大的一致性。教学中可以通过列举生活中的一些实例，让学生更深刻地理解数学中的“理”。

关于加减法的运算性质，郑毓信先生用“凝聚”思想进行了解释。郑先生提出，所谓“凝聚”，笼统地说，是指由“过程”向“对象”的转化。具体地说，在数学特别是代数中，有不少概念最初都是作为过程引进的，但最终又转化成了一个对象——我们不仅可以具体地研究它的性质，还可以此为对象去实施新的运作。加减法最初的含义都是一种过程，然而随着学习的深入，它们已不再仅仅是运算过程，而被认为是一个特定的数学对象。这时，我们需要研究数学对象具有哪些运算性质，如交换律、结合律等。

教学“交换律”时，不再从数的角度来看 2 或 3，而是从加 2 或 3，即从运算(或者操作)角度上来考虑，也就是以…＋2 代替 2，…＋3 代替 3。这样一来，2＋3 就相当于…＋2 之后再进行…＋3。换句话说，联系着 2 和 3 之间的加号意味着连续进行两次运算。因此，在 3＋2＝2＋3 这个式子中，即使…＋2 和…＋3 这两种运算的顺序改变，结果也不会变化，这就是加法交换律。乘法运算也是如此。生活中有“喊口令”，交换口令“向前走三步，再向前走四步”中的两次操作，都是让人向前走了七步，最后到的位置是一样的。这样的口令可以验证加法和乘法具有交换律。不过，两种操作顺序的改变并非都是没有限制的。减法和除法没有交换律，同样也可以在“喊口令”中得到解释。交换口令“先向前走五步，再向后转”中的两次操作，发现最后到的位置不同了。也就是说，这两种操作是不能交换的。

以下是笔者执教"交换律"的教学片段。

师：生活中除了语言可以交换着说，动作也可以交换。哪位是体育委员？喊口令会吗？大声地喊！

生：立正！向右转！

师：不愧是体育委员，声音真响亮。不过，今天由季老师喊口令，你能配合做出动作吗？

师：向前走三步，向前走四步，和起初的位置相比，结果怎样？

生：(行动后)一共向前走了七步。

师：现在回到原处，如果我把这两个动作交换一下，先是——

生：(边说边走)向前走四步。

师：然后呢？

生：向前走三步。

师：结果——

生：还是向前走了七步，位置没有改变。

师：改变两个动作的先后顺序，结果不变。再来两个口令，第一个动作是向前走五步，第二个动作是向后转。然后改变两个口令的先后顺序再走一次，你们发现了什么？

生：(行动后)这两个口令交换后最后站的位置不一样了。

师：生活中有许多事情，交换之后，有的结果不会发生变化，有的结果会改变。数学中也有这种现象，今天的数学课我们就来找找看。

这样有趣的小游戏，不仅能吸引学生参与到课堂中，还帮助学生理解了在数的运算中交换两个数的位置，结果有时候不会发生变化，有时候又会发生变化。在生活中也有这种情况，变换两个动作的顺序，有时候结果不变，有时候结果会变。这激发了学生学习的兴趣，让他们产生探究的欲望。正如苏霍姆林斯基所言：如果教师不想方设法使学生产生情绪高昂和智力振奋的内心状态就急于传授知识，那么这种知识只能使人产生冷漠的态度。

三、打比方，让学生意会数学中的"理"

小学数学教学是数学的教学，离不开作为科学的数学。但是，小学数学并不是纯粹的科学数学,它具有现实数学、经验数学和生活数学的性质,板着面孔、与枯燥相伴的数学难以走进孩子的心灵。如果作为科学的数学必须表述成严格的形式逻辑演绎体系的话,这是否意味着数学的教学内容也必须是一个严密的演绎体系呢?答案是否定的。有人把数学的严谨性描绘成一把双刃剑,它既能砍去那些不合逻辑的错误,保持数学的纯洁性,也能砍去那些生动活泼的思想,窒息数学的生命。所以,在儿童时期应当把数学教育的基本原理向心灵说清楚,但是不能有一点强迫性。让这时候的教育成为一种"娱乐",这将使教师更好地发现孩子的自然倾向。我们还应高度重视问题的可接受性,也就是要善于将数学知识由原来的学术形态转化为适宜学生学习的教育形态。①

对小学生而言,有些数学知识非常抽象,难以理解,教师可以打比方,举一些恰当生动的生活实例讲给学生听,而不是用抽象难懂的语言反复解释。当然,在学生理解的基础上,最终教师还应当帮助学生实现由日常意义向严谨的数学意义过渡。

张奠宙先生在"方程的意义"中,为了说明用方程和用算术方法解题的思维路线往往是相反的,打了一个比方。如果将要求的答案比喻为河对岸的一块宝石,那么算术方法好像摸着石头过河,从我们知道的岸边开始,一步一步摸索着接近对岸的未知目标;而方程方法却不同,好像是将一根带钩的绳子甩过河,拴住对岸的未知数(建立了一种关系),然后利用这根绳子(关系)慢慢地拉过来,最终获得这块宝石。两者的思维方向相反,但结果相同。张先生认为课堂教学中要把这层窗户纸捅破,将学术形态的数学还原为教育形态,通过打比方的方法,让学生觉得明白易懂。②

在学习简便运算时,同处一个级别的多项运算要通过移项来完成,比如混合运算"275－38＋225－262",学生往往会被符号和数字绕晕。如果把这个算式比作一列火车,275是火车头,后面的数是车厢,运算符号是车厢之间的挂钩,可以让学生想象:如果要移动车厢,就需要把挂钩和车厢一起移动,而且挂钩要在前面带着车厢。这样学生就能理解移项时要带着符号走,那么该算式就可以移成"275＋225－38－262",把前后两项分别相加后,计算"500－300"就更加简便了。

---

① 尹松艳.加强艺术学校学生数学应用意识的实践研究[D].天津:天津师范大学,2008.

② 张奠宙.数学概念教学要融入中华文化,推陈出新——谈小学数学里"方程"概念的表述[J].小学教学,2014(22):12-14.

那为什么“－38”“－262”会变成相加呢？有没有更好的方法去理解呢？可以让学生想象：要扔掉一双鞋，可以先扔掉一只，再扔掉一只；也可以把两只捆在一起，变成一个整体一起扔出去。所以先减去38，再减去262，与一下子减去38与262之和的结果是一样的。教师还可以进一步引导学生产生联想：加减运算中可以这样做，那么乘除运算中是否也有类似算法呢？

尽管这些例子从科学层面看，缺乏一些数学的严谨性，但是生动的打比方能帮助学生理解，让他们豁然开朗。对学生而言，与其选择“严谨的不理解”，还不如选择“不严谨的理解”。知识只有被学生充分理解并纳入知识结构，才能被灵活地运用，这样学生才能体会到数学的趣意。

第三节　志趣，让学生感到有志向

志趣，是不离不弃、欲罢不能，是趣味到达的最高境界。

在小学数学学习活动中，学生作为学习的主体，其情感、意志直接影响学习的效果和质量。学生要学好数学，不仅要具备一定的知识基础，具有感知、记忆、思维等能力外，还要具备勇于克服学习困难、乐于挑战自我的坚强意志，这就是志趣。志趣和情趣、理趣密不可分，是需要通过情趣的升华、理趣的凝练才得以形成的。

一、情趣上的升华

著名数学家陈景润高中时代的数学老师在为学生介绍了哥德巴赫猜想后，曾深情地说：“自然科学的皇后是数学，数学的皇冠是数论，哥德巴赫猜想则是皇冠上的明珠……昨天晚上我还做了一个梦呢，我梦见你们中间有一位同学，他不得了，他证明了哥德巴赫猜想。”陈景润被老师的话震动了。他从此树立远大理想，并为此而奋斗，果然摘取了这颗数学皇冠上的明珠。

米亚西舍夫指出“在专业上倾向和能力的统一”，这个统一是能力强的学生的特点，并且对数学上的成功活动而言是绝对必要的。它表现在对数学有选择性的积极态度上，即在相应的领域中有深刻而有效的兴趣，力求而且需要去研究它，对它充满热情。这种倾向，作为数学活动的一种需要，是能力发展中最强大的推动力量。总而言之,数学学习需要学生有积极的情感、成功的体验、坚强的意志力。正如国家教育咨询委员会委员陶西平所言,好课堂充满三种声音——笑声、辩论声、掌声。笑声是喜欢课堂,有情趣;辩论声是促进思维的发展,有理趣;掌声是对精神的鼓励,有志趣。数学教师的任务是让学生获得知识和发展能力,同时关注学生的数学学习过程,特别是要充分重视学生在数学学习中的情感投入,提倡具有愉快感、充实感的数学学习活动,提倡培养学生对数学学习的“丰富的感觉”,①在教学过程中不断地给学生以“情趣”和“理趣”的体验,使其逐步形成正确的学习态度,形成志趣。

1. 学习成果的多样表达

学生在数学学习的初期,更多地关注有趣、好玩、新奇的事物。随着年龄的变化,学生开始对有用的数学感兴趣,更多地关注数学在其他学科和生活中的应用。也就是说,学生对数学的学习由表层的兴趣向深层的志趣转变。

郁丽英老师引导学生将数学知识与写作融合,编写数学小故事、数学小笑话等,在写作中研究数学,在研究数学中提升综合能力。下面就是一个学生在学习《角》之后自编、教师协助修改的一个数学小故事。

角变小了吗

小鼠吉米用两根小木棒和一个螺丝钉制作了一个角,结果在摆直角的时候,不小心把一根木棒弄断了。小猫凯特看见了,干脆用剪刀把角的两条边都修短了。吉米急得直跺脚,喊道:“剪短了小棒,角就会变小的!”凯特将剪好的角交到吉米手里,不紧不慢地说:“看看,角变小吗?”

吉米拿出三角尺量了量:“哎,怎么还是直角,没有变小呢?”

凯特笑着说:“角的大小和边的长短无关,和两边张开的程度有关。”说着,她把一条边微微朝里推了下,“这才变小了呢!”

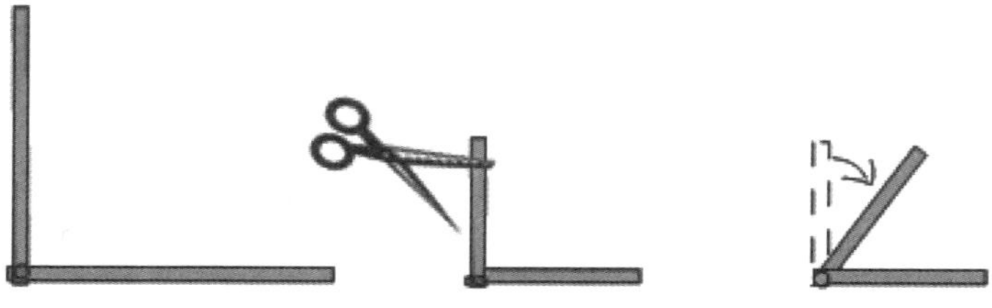

① 潘小明.对数学课堂教学评价的若干思考[J].当代教育科学,2004(21):49-50.

这位学生在班中展示了这个数学小故事后俘获了很多“粉丝”，常被要求写新故事。后来，他时刻关注着哪些数学知识适合创作故事，也经常会选择一些学习难点、重点进行编写。

郁老师还引导学生将数学学习感悟和绘画融合，创作数学小漫画（如图5－2）、数学小报（如图5－3）等。这种融合创意既可以丰富学习，又能让学生感受到数学无处不在。教师通过搭建展示的舞台，创造交流的机会，可以让学生对学习数学、研究数学保持热情。

图5－2　数学小漫画

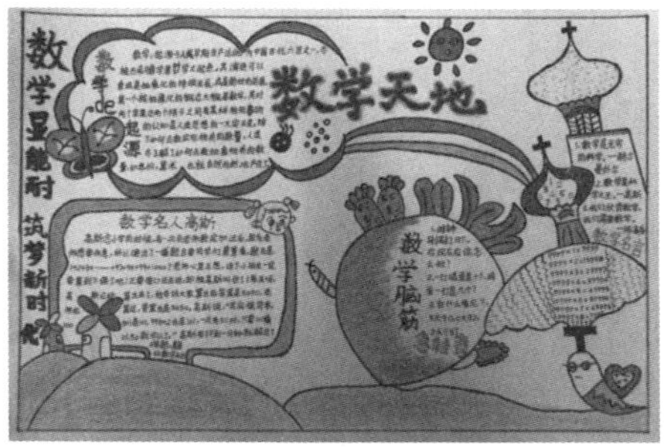

图5－3　数学小报

为了让学生有持续的学习动力，教师也可以通过设计有挑战性的连续任务，使学生亲身经历，自主尝试，激发探究的欲望和完善认知结构的动力，记录解决问题过程中的得与失，从而达到发展志趣的目的。也就是说，解决问题的成功体验，不仅能促进学生思维的发展，还能进一步培养学生克服困难的精神追求。

2. 学习评价的多元呈现

美国心理学之父威廉·詹姆斯曾说：“人性中最深切的心理动机，是被人赏识的渴望。”教师要在日常教学中关注每一位学生的活动、作业等各方面表现，评价学生的学习兴趣、习惯和学业成果，强化评价的激励功能。实践中发现，对学生的数学学习开展过程性、多维度评价，可以激励学生主动学习，实现兴趣的巩固与保持，进而促进志趣的形成。疑趣课堂通过累计学生的学习成果，进行多元评价，可让学生拥有成功体验，保持继续探究的动力，形成学习数学的良好志向。

施运高老师用“数学成长树”记录学生的学习成果，通过观察学生日常课堂表现和统计平时作业情况等过程性评价方式，发展学生的志趣。课堂表现主要关注学生学习过程中的学习态度、表达交流、注意力和合作能力等因素。作业情况主要通过对学生每日作业的统计记录，获得具体直接的信息，加强对学生作业的过程性评价,激发学生对作业的兴趣,从而让学生有持续的学习动力。也就是说,对数学学习的评价既要关注学生学习的结果,也要关注他们学习的过程,更要关注他们在数学活动中表现出来的学习兴趣和学习习惯,帮助学生认识自我,建立信心。

每个孩子都渴望被肯定,每当自己的作业被点赞、被评为优秀作业时,孩子们的自信心就增强了,学习的劲头也更足了。比如王旭双老师在阶段性复习教学后,请学生根据自己的学习表现,从计算、概念、应用、习惯等方面进行自我评价,给花涂色(如图 5-4)。在学习“东南西北”一课后,王老师请学生根据“自我评价单”(如表 5-1)对本节课的学习表现进行自评。这样做能使学生对自己的学习情况有一个整体的了解与认识,便于发现不足之处和努力方向,从而获得进步和成长。

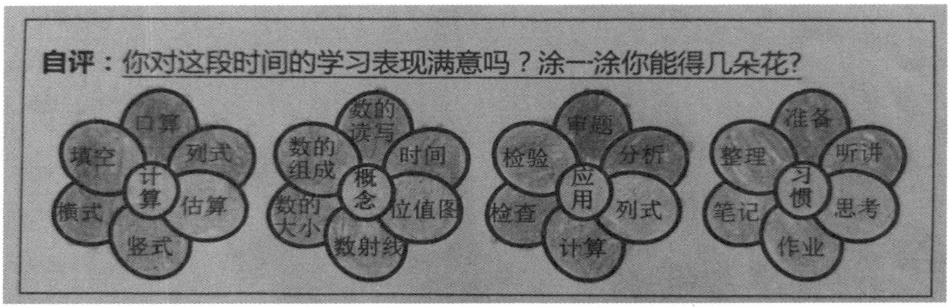

图 5-4 评价花朵

表 5-1 自我评价单

<table>
<tr><td>1. 我能识别东南西北四个方位。</td><td>☆☆☆☆☆</td><td rowspan="5">我共得到了
______颗星星。</td></tr>
<tr><td>2. 我能在街区图上指出某个场所的东南西北有什么场所。</td><td>☆☆☆☆☆</td></tr>
<tr><td>3. 我知道了去某个场所怎么走,并知道走最短路线。</td><td>☆☆☆☆☆</td></tr>
<tr><td>4. 我认识到数学对我们的生活很有用。</td><td>☆☆☆☆☆</td></tr>
<tr><td>5. 我在课堂上认真听讲,积极互动,遵守课堂纪律。</td><td>☆☆☆☆☆</td></tr>
</table>

注:星星总数 20—25 颗为优秀,星星总数 15—19 颗为良好,星星总数 15 颗以下为需努力。

郁丽英老师在实际教学中建立了一个数学班级个性化评价机制——“数学星银行”，通过存入日常数学学习成果，让学生的收获“看得见”，通过关注数学学习的多方面，让不同学习水平的学生都有机会收获学习的成就感。

“数学星银行”中开设“数学加油站”（专心听讲）、“数学阅兵台”（用心作业）、“数学互动吧”（勤善表达）、“数学竞技场”（热爱探究）、“数学成长湾”（我在努力）这五个板块。教师逐一规定集星途径，学生每达成一个小目标，便可得到相应的星。还有积星换礼活动，如挑战拓展题成功可得一颗热爱探究星，语言表达清晰到位可得一颗勤善表达星，计算过关可得计算星……每个类别集满五颗星便可兑换一枚相应的章，如探究章、巧嘴章、计算达人章。同时，定期推出各类数学明星，并进行表彰。学生对自己的“储蓄”状态高度关注，每次赚得星星，便会非常满足。不管是低年级学生还是高年级学生，这个多维评价机制对学生的激励力量都是显而易见的。通过“数学星银行”，学生能看到自己的收获与成长，进而提升学习效率并获得成功感。通过多维度评价，学生能长期保持对学习的热情，在积极情感的作用下快乐地学习。

二、理趣上的凝练

学生志趣的形成过程伴随着数学的学习过程，是在充分体验情趣、理趣交融之后的情感提升。

从学科育人的角度来说，可以借助以下六个方面。第一，数学本身的文化内涵。数学文化既包括数学小故事，也是对数学家发现、证明、应用数学的理性精神的渗透。第二，数学内容的美学价值。数学之美，在小学数学教学中无处不在，可激起学生学习数学的兴趣。第三，数学课题的历史背景。数学史的作用，不是只建立在“祖先的某项工作比别人早多少年”的基础上，而是用历史唯物主义的观点，实事求是地分析与思考。第四，数学体系的辩证因素。这在数学中是大量存在的，比如加与减、乘与除、正与负等就是矛盾的对立和统一的辩证关系，这一点也说明了小学数学教学中应树立正确的数学哲学观。第五，数学周围的社会现实。数学来源于生活，许多数学课堂都以学生对生活的“疑”入手，使学生产生“趣”。由此展开数学教学，既凸显了小学数学教学贴近学生生活实际的新课程理念，也可以根据教学内容联系社会现实对学生进行思想品德教育。第六，数学教学的课堂环境。良好的课堂氛围，不仅能充分调动学生的学习动机，也能让学生在动态的过程中感悟规律，从而获得积极的体验，学会思考。

与其他一些学科直白的思想教育不同，学生志趣的形成是在一点一滴的数学教育中累积并形成的，所谓"润物细无声"，疑趣课堂就是这一自然渗透的载体。数学学科特有的思想、方法等都是志趣形成的重要资源。

以"小数乘小数"为例，这是上海教育出版社九年义务教育课本第九册"小数乘除法"中的一个关键内容。在学习本内容之前，学生已经掌握了整数乘整数的计算方法、小数的意义和性质、小数加减法以及小数乘整数的计算方法。

教材通过创设计算小巧房间面积的情境，引出小数乘小数的计算，学生根据已有知识经验，将小数乘小数转化成整数乘整数，明白其算理，掌握其算法。教学中，教师让学生经历独立思考、讨论交流、回顾比较、质疑反思等学习活动，在理解算理和掌握算法的过程中，体会运算法则的必要性和合理性。

以下是笔者执教"小数乘小数"的教学片段一。

师：小巧搬新家啦！她的房间长 4.1 米，宽 3.2 米，小巧房间的面积有多大？可以先估一下。

生 1：我把 4.1 估作 4，把 3.2 估作 3，4×3 等于 12，估小了，所以 4.1×3.2 要大于 12，小巧房间面积比 12 平方米大。

生 2：我把 4.1 估作 5，把 3.2 估作 4，5×4 等于 20，我估大了，4.1×3.2 要小于 20，所以小巧房间面积比 20 平方米小。

师：我们要感谢这两位同学，他们为精确结果提供了一个范围。那精确结果是多少呢？先自己想一想、算一算，然后再交流。

学生独立思考、计算后交流。

生 3：我把 4.1 米、3.2 米转化成以分米为单位，就是 41 分米、32 分米，这样它们两个就变成整数，求出面积后，再把平方分米转化为平方米，就是 13.12 平方米。

师：这是通过转化单位来解决问题的想法。

生4:我的方法是这样的,因为4.1看作41时乘了10,3.2看作32时也乘了10,因此它们的积要除以10再除以10,也就是除以100。

$$
\begin{aligned}
&4.1\times3.2\\
=&41\times32\div100\\
=&1312\div100\\
=&13.12\text{(平方米)}
\end{aligned}
$$

师:讲得真清楚,为你点赞。这是通过因数的变化引起积的变化规律把小数的乘法转化成整数的乘法再计算的。

师:比较一下,以上两种算法有什么共同点?

生5:都是通过乘10把原来的小数变成整数,再通过整数的乘法算出积是多少,然后把积除以100,得到正确的积。

生6:这两种方法都是把我们不会做的转化成我们以前学过的知识,然后计算出结果。

师:概括得真好!数学学习中经常会用到转化。还有其他方法吗?(等待许久,没有学生发言)教材中还有这样的方法(见下图),看明白的同学解释给大家听。

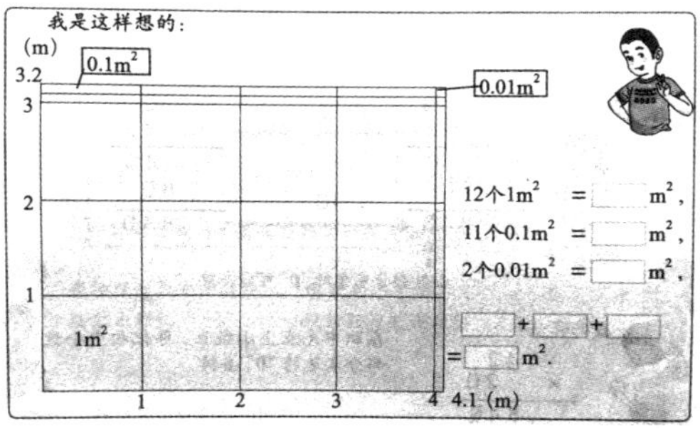

生7:(边说边指)这个图表示3.2米乘4.1米,可以看到:12个1 m^2=12 m^2,11个0.1 m^2=1.1 m^2,2个0.01 m^2=0.02 m^2,12+1.1+0.02=13.12 m^2。

生8:这种方法把小数乘小数画了出来,但是我觉得有点麻烦。

师:是的,将数转化成形,虽然它画起来有点费时,但是可以非常直观地表示出小数乘法的意义,也再次验证了我们之前算出的结果。

知识的学习是知识在个体层面上生长的过程,新知识的学习应充分考虑学生已有的知识经验。教师在教学中理应尊重学生的想法,呈现出算法的多样,引导学生在比较中发现:不管是米转化为分米,还是一位小数乘10转化为整数,或是数转化为形,都合理运用了转化,将未知转化为已知,进而解决问题。这个过程不仅为学生理解算理提供了帮助,也培养了学生利用转化思想去探究新知的能力。

以下是笔者执教“小数乘小数”的教学片段二。

师:和其他计算一样,小数乘小数也可以用竖式进行计算,大家不妨试一试,用竖式计算 4.1×3.2。

学生列出竖式(如右图)并讲解过程。

$$\begin{array}{r} 4.1 \\ \times\ 3.2 \\ \hline 8\,2 \\ 123\ \ \\ \hline 13.12 \end{array}$$

师:大家都能列出竖式,也能正确算出结果,非常了不起。现在,我们回顾刚才的学习,分别看看横式和竖式的计算过程,你有什么想说的吗?

生 1:一个是横着写的过程,一个是竖着写的过程,形式不一样,但道理是一样的。

生 2:变化的是形式,不变的是道理。

师:哈哈,你是一位哲人。

生 3:横式计算是先算 41×32,竖式计算中也是按照整数乘法的方法先算 41×32,这两部分是一样的。

生 4:横式和竖式是有联系的。我明白了横式的意思后再看竖式,就很容易看懂了。

师:横式可以帮助我们更好地理解竖式的算理。

生 5:横式中写的 41×32,我要先在草稿本上用竖式算出结果,再写到横式上,所以我觉得竖式更方便。

师:看来你找到了竖式的优势,那横式和竖式之间还有什么不一样的吗?

生 6:横式和竖式也有不一样的地方,横式中是除以 100,而竖式中不是除以 100,是把小数点向左移动了两位。

生 7:我有补充,除以 100 和小数点向左移动两位看上去不一样,其实都是除以 100。

师:大家不仅说出了横式和竖式之间的区别和联系,还能透过表面看到数学的本质。观察竖式中两个因数与积的小数位数,你又有什么发现?

生 8:两个因数都是一位小数,积是一位加一位成了两位小数。

师：你能解释这个发现吗？

生 8：把一位小数看作整数，相当于乘 10，把两个一位小数都看作整数相乘，相当于乘 10 又乘 10，也就是乘 100，积保持不变的话，就需要除以 100，小数点就要向左移动两位，就成了两位小数。

生 9：我觉得小数乘小数，把因数中的小数位数加起来就是积的小数位数。比如，一位小数乘两位小数，把一位小数看作整数，就是把小数点向右移动一位，把两位小数看作整数，就是把小数点向右移动两位，合起来一共向右移动了三位，乘得的积的小数点向左移动三位，就是三位小数。

生 10：小数乘小数，积的小数位数就是因数小数位数的和。

学生根据已有的小数乘整数的经验，能够直接用竖式进行小数乘小数的计算。通过回顾，学生感受到数学对象的形式变了，本质不变；通过比较，学生明白了数学知识间的联系，对算理有了深刻的理解，并把算理扎实地建构在自己原有的认知结构中；通过探讨，学生发现了因数与积的小数位数之间的关系，从而将小数乘法的计算方法掌握得更牢固。

以下是笔者执教“小数乘小数”的教学片段三。

师：学了小数乘小数的竖式计算后，你们还有问题吗？

生 1：小数加减小数时需要相同数位对齐，而小数乘小数时是末尾对齐，为什么计算法则不一样？

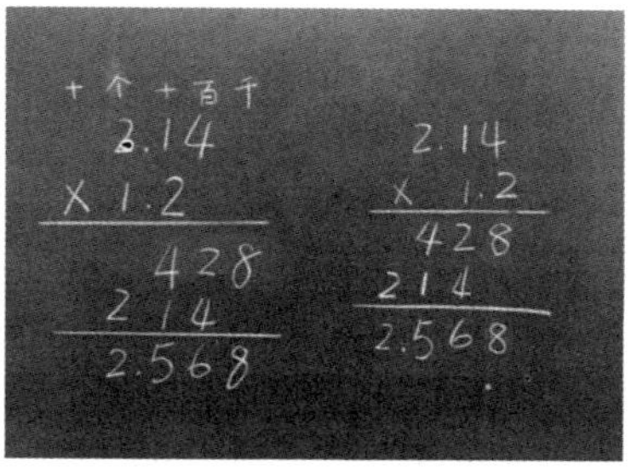

生 2：小数乘小数的竖式计算，相同数位能不能也对齐？

师：这样的反思和质疑都是非常有价值的。我们一起来试试计算 2.14×1.2，用相同数位对齐的方法进行竖式计算。

如右图，学生尝试计算后交流。

师：你能说说你是怎么想的吗？

生 3：2 个 0.1 与 4 个 0.01 相乘，得到 8 个 0.001，8 写在千分位上，2 个 0.1 与 1 个 0.1 相乘，得到 2 个 0.01，2 写在百分位上，2 个 0.1 与 2 个 1 相乘，得到 4 个 0.1，4 写在十分位上；再把 1 分别与 4 个 0.01、1 个 0.1、2 个 1 相乘，得数分别写在对应的数位上,最后相加得到 2.568。

师:你们听懂了吗?

生:(齐声)听懂了。

生 4:虽然听懂了,但是觉得很晕。

师:哈哈,为什么会晕?

生 4:每一步计算需要记住的太多了,脑子记不住。

生 5:我觉得相同数位对齐是可以计算的,但是很烦,如果末尾对齐进行计算就简便多了。

师:真是这样吗? 口说无凭,一起采用末尾对齐来计算。

学生计算。

师:同学们,谈谈计算后的感想。

生 6:末尾对齐的计算方法要比相同数位对齐的方法简便多了。

生 7:小数末尾对齐相乘和整数相乘差不多,只是还需要数小数的位数。

生 8:两种方法都可以,我会选择末尾对齐的方法。

学生纷纷点头。

师:看来,小数乘法与小数加减法竖式书写格式规定不一样是有原因的,小数乘小数的竖式计算中末尾对齐符合数学的求简原则,数学是讲道理的。

竖式计算的书写格式是一种形式上的规定,它是根据计算的实际需要确定的,依靠相应的运算法则,即完成运算、得出结果的方法、程序或途径,实质上也就是运算方法与程序的规定。运算法则的理论依据是“计数的位值原则”,只有相同计数单位上的数字才能直接相加减。因此,许多竖式计算的书写格式都规定相同数位对齐,学生对此是完全可以理解的,而在小数乘法中却规定末尾对齐,学生在不明白道理的情况下难免会产生困惑。教师通过让学生主动提问、质疑、体验、比较,从而呈现出为什么要有这个规定,以及如果没有这个规定会发生什么。可见教学不能满足于仅仅让学生知道是什么,还要让他们深入地理解为什么会这样规定。小数乘法末尾对齐的书写格式就不只是一种人为规定,更多的是一种理性思考,是数学求简原则的体现。

第六章

疑趣课堂的教学实践

实践是人们能动地改造和探索现实世界一切客观物质的社会性活动。

疑趣课堂的教学实践是激发学生探索数学奥秘的兴趣、培养学生解决问题能力、提升学生数学思维品质的课堂教学活动。

本章通过教学补给、实践导航、案例分享，对疑趣课堂进行了再梳理、再提炼、再概括，形成教学指南、教学结构、教学层面，同时呈现了疑趣课堂的完整课例，并对精彩片段进行分析，从而使疑趣课堂的实践者更好地理解、更好地把握、更好地实施。

第一节　教学补给

教师上课前，在知识层面上的准备通常只包括看教材和教参，教学补给指除此之外，教师还需要透过教材和教参，关注到学科知识背后的内容，并且投射到课堂教学中，让学生实现不同维度的学习。

一、关注知识内涵，让学生的学习实现由此及彼

教师不仅要让学生学会使用一些解决问题的工具，更应让他们了解工具出现的缘由，把握其背后的知识内涵，进而将学习拓展开去，实现跨越。

从本质上看，线段图就是解决问题的思维工具。工具的价值不在其本身，而在其效用，衡量工具效用的标准在于“能否指引人们的行动取得成功，能否满足人们的目的和需要”。[①] 线段图呈现了从抽象的文字到直观的再创造、再演示的过程，具有形象、直观的特点，有效地提高了学生的自我学习能力和创新能力，使学生会学习。因此，线段图在数学教学中被广泛应用。然而，很少有人思考：为什么许多不同的量都可以在线段图中用长度来表示呢？

量有离散量和连续量之分。一个个分离、独立存在的东西，如苹果等，称为离散量。能够自由分开和结合的东西，如水等，就称为连续量。长度、重量、面积、体积、时间、密度、温度等都是连续量。连续量的特征是不论多少都能分割，也能自由地结合，并且容易比较大小。用长度来表示的话，连续量的这些特性都可以鲜明地表达出来。这就是笛卡尔原则——把全部的连续量用长度来表示。量杯就是把体积转换成长度的工具，杆秤就是把重量转换成有刻度的长度的工具，钟表就是把时间转换成表盘的长度（曲线长度）的机械，温度计是把温度这一连续量转换成长度，汽车的速度计是把速度这一连续量变成曲线的长度。而且，离散量和连续量之间是可以相互转换的。俄国有这样一个故事：有位老奶奶要给三个孙子分吃两个土豆，因为不好分割，就把土豆做成土豆汤，分给三个孙子喝了。故事中的老奶奶是把离散量的土豆变成了连续量的土豆，从而解决了难

---

① 黄庆伟.画线段图在小学数学“解决问题”教学中的有效运用[J].科教导刊(电子版)(下旬)，2019(2)：215.

题。我们说多少米布料是连续量,但若将其缝制成人们所穿的衣服,这就成为离散量了。因此,离散量和连续量都可以在线段图上用长度表示出来。

基于以上认识,教师就能做到知其然且知其所以然,教学的展开自然非同一般。学生在学习"速度、时间、路程"时,通常都用线段图来表示这三个量,教师可以引导学生回顾以前学过的知识,思考哪些量也可以在这样的线段图上表示出来,学生在教师的启发下会想到"单价、数量、总价"。学生在高年级学习"工效、时间、工作总量"之后,还会发现这些量都可以在同一线段图(如图6-1)上表示出来。

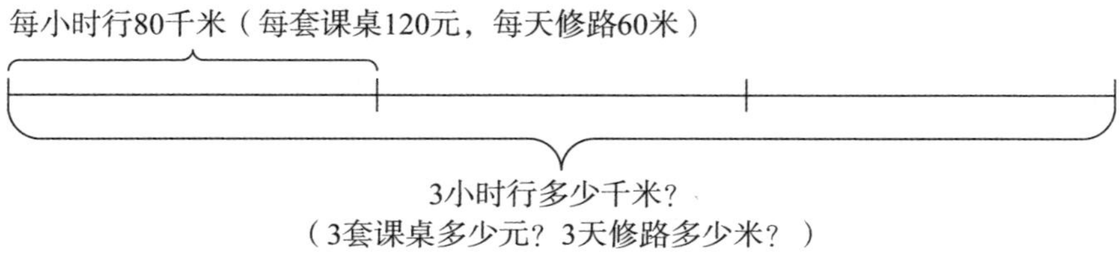

图 6-1　线段图

教师在关注知识内涵之后,教学就不会局限于一堂课的内容,而会跨越本课知识,与其他相关内容联系起来;学生也随之发生变化,不仅提高了对数学知识内在联系的认识,还在学习的广度上实现了跨越。

二、关注知识本源,让学生的学习实现深度理解

作为小学数学教师,理应了解一些数学史。奥地利著名物理学家、哲学家马赫曾经说过:"没有任何科学教育可以不重视科学的历史与哲学。"这一观点同样适用于数学教育。在数学和人文之间只有一座桥梁,那就是数学史,建造这座桥梁是我们这个时代数学教育的需要。数学史是一座巨大的宝藏,其中包含大量的教学素材。① 也许有人会说:"我对数学史一无所知,不也把数学教得很好吗?"但是,我们从教材中可能只看见一棵树,从历史中却可能看到一片森林。

翻开数学史,我们发现人类对负数的感知和使用比较迟缓。中国古代数学家出于解方程的需要率先使用负数,但对负数的认识仍是朦胧的。在西方,许多数学家都不认可负数:13 世纪意大利数学家斐波那契认为,方程 $x+36=33$ 没

① 汪晓勤.数学史与小学数学教学[J].江苏教育(小学教学版),2015(5):8-10.

有根，除非第一个人(x)欠债 3 个钱币；16 世纪德国数学家斯蒂菲尔指出，0 减去一个大于 0 的数，所得结果“小于一无所有”，是“荒谬的数”；17 世纪法国数学家帕斯卡则认为，0 减去 4 纯属无稽之谈。其中的原因是负数不像自然数、分数那样来自人类丰富的数数、分配实物和测量的实践活动，也不像自然数、分数都有实物为例；负数不能“可视”，虽也有负债、欠账之说，却不能具体地指物为负。

汪晓勤教授认为人对数学的理解过程与数学的历史发展过程具有一定的平行性，这是数学史融入数学教学的理论基础。同时，他也提出不能生硬地为历史而历史，必须兼顾知识点的历史发生、发展顺序、逻辑顺序以及儿童的心理发生、发展顺序。由此看来，关于“负数”的认识就不能直接按照历史进行教学。引入负数既不能通过一元一次方程或二元一次方程组，也不能通过“直接从零中减去一个正数”，只能通过相反意义的量。我们不能仅仅局限于书写形式上的不同，而要注重负数表示的本质意义；我们不能仅仅局限于列举几组反义词，而要注重表达的是相反意义的量。为了加深学生对正、负数的意义及具有相反意义的量的理解，可以出示田径运动员比赛时的风速牌，让学生理解由于风向和运动员的运动方向相反，所以风速有时也会用负数表示；还可以出示“＋8”和“－5”，让学生结合具体事例来说说这两个数表示的意思等。这样的教学，既诠释了“＋”和“－”作为性质符号所具有的更深层的含义——与问题中意义表达同向的为“＋”，与问题中意义表达反向的为“－”，也向学生渗透了相反意义所隐含的辩证关系。

从历史的“森林”中，还可以发现学生构建负数的理性认识，困难之处不在于概念本身的高度抽象性，而在于如何突破原有认识，把负数和 0 的意义沟通起来。我们要让学生的认识从 0 表示没有、开始转变为 0 还可以表示分界、基准，大于分界 0 的数是正数，小于分界 0 的数是负数；我们还要让学生的认识从 0 是固定的分界、基准转变为分界、基准是相对的，是可以随着问题的情境而变化的。因此，在运用教材中气温、海拔的例子之后，可以选用电梯上下楼的情况：以地面为基准，地下 2 层可以用－2 表示；以五楼为基准，往下 3 层也可以记作－3。

教师借助数学史，从知识本源中吸纳有用的内容，并由此开展教学，数学知识的本质意义就会被揭晓，学生的学习就会实现深度理解。①

---

① 季国栋.教师拥有“透视眼”，学生学习才具“立体感”[J].小学教学研究(教学版)，2018(6)：19－21.

三、关注知识体系,让学生的学习实现融会贯通

数学是一门非常系统的科学,有其自身的知识体系。我们无法将这种结构体系直接给予学生,所以数学的教学结构应运而生。教学结构就是相关专家根据不同学段学生的认知水平,对数学知识进行合理科学的分解和安排。因此,数学中的任何概念都不是孤立的、静止的,都一定会有与之相联系的知识。纵向联系构建了知识体系的理论框架,横向联系则扩大了知识的容量,使体系更加充实、完善。所以,我们的教学要有横向的关联和纵向的穿透,要注重知识的"生长点"与"延伸点",把每堂课教学的知识置于整体知识的体系中,处理好局部与整体的关系,为学生的后续学习和发展进行铺垫。

以"毫米和分米"的教学为例,教师需要明确:一是长度单位"米"严格定义后,它的倍数单位十米、百米、千米和分数单位分米、厘米、毫米等都是按十进制原则规定的;二是长度单位和计数单位的相同之处就是十进制;三是为了表示长度、面积、体积、温度、重量、明暗等,我们用结构化的思想,引入了不同的单位,发明了不同的度量工具。

数学内容与生活中的一些事物一定存在着必然联系。教学中,教师如果能找到一个与儿童贴近的载体,利用合适的形式,不仅可以让学生明白数学是讲道理的,还能打通数学知识间的联系,体现出数学的整体性。

还是以"毫米和分米"的教学为例,我们可以借助阶梯图来渗透十进制的规定,在学生心理上建立知识的意象表征,这有利于学生对知识的回忆、理解乃至贯通。

在学生认识 1 毫米,知道 1 厘米等于 10 毫米之后,可将毫米和厘米之间的关系放到阶梯图上。1 毫米 1 毫米地加长,加到 10 毫米就到了一个更高的平台,产生新的单位,那就是厘米。回想以前认数的时候,一个一个数,数满 10 个一就上一个平台,产生新的单位,那就是 1 个十;十个十个数,数满 10 个十就再上一个平台,那就是 1 个百。再由计数单位推及长度单位,1 厘米 1 厘米地增长,合情推理出达到 10 厘米的时候也应该有一个新的长度单位,那就是分米。每个平台以及往上的一段颜色各不相同,以此来区分不同的单位。

在学生认识分米，知道米和分米的关系之后，可将长度单位“米”也放在阶梯图上，接着由长度单位推及计数单位，10 个百就是 1 个千（如图 6－2）。类比推理是根据不同对象在某些方面（如特性、属性、关系等）相同或相似，推出它们在其他方面也可能相同或相似的思维形式，是思维进程中由特殊到特殊的推理。这样一来一往，将长度单位和计数单位进行类比，揭示两者都有十进制关系，让学生深刻体会到数学知识间的联系。

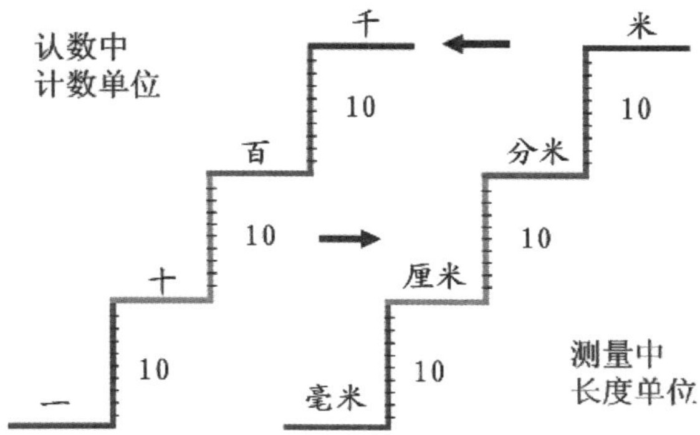

图 6－2　分开的阶梯

计数单位和长度单位的相同之处就是十进制。将长度单位和计数单位两个阶梯图合二为一（如图 6－3），数学知识的整体关联得到充分体现，令学生留下了深刻的印象。

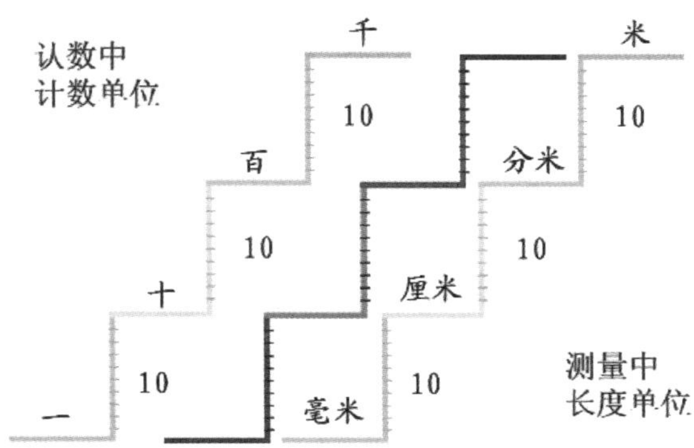

图 6－3　合并的阶梯

“毫米和分米”的教学中,将数学知识的合理性通过阶梯图这一儿童能够理解的方式和载体直观化、明晰化、趣味化,不仅能让学生明白长度单位之间的关系,还融通了数学内部的联系,体现了数学知识的整体性,进而让学生的学习实现了融会贯通。①

第二节　实践导航

一、教学指南

表 6－1　疑趣课堂的教学指南

疑趣课堂	核心指向	本质	特征	策略	实施要点	教学表征
疑	思维	思维的挑战性	生成性 开放性	设疑,把握起点	1. 设疑在学习的切入处 2. 设疑在学习的重难点 3. 设疑在学习的巩固处	氛围营造好,主体有意识 情境创设活,认知有唤醒 时机选择佳,课堂有效率
				生疑,引发思维	1. 营造生疑氛围 2. 留足生疑时空 3. 引发集体智慧	问题设计巧,学生有思考 提问方式精,指引有方向 质疑态度严,批判有高度
				释疑,丰富过程	1. 问题引领,深度思维 2. 充分经历,自主建构 3. 回顾提炼,拓展延伸	实践感受深,体验有价值 逻辑表达强,探究有宽度 自然延伸广,回顾有提炼

① 季国栋.理性对待 智慧处理——浅谈“数学规定”的教学[J].教学月刊(小学版 数学),2013(12):24－29.

（续表）

疑趣课堂	核心指向	本质	特征	策略	实施要点	教学表征
趣	情感	情感的生动性	趣味性 灵动性	情趣，让学生感到有意思	1. 选择现实素材富有情趣 2. 运用数学知识富有情趣	选材趣味浓，求知有欲望 生活建模化，知识有生成 课堂游戏妙，参与有热情
				理趣，让学生感到有味道	1. 说缘由，让学生明白数学中的“理” 2. 举实例，让学生理解数学中的“理” 3. 打比方，让学生意会数学中的“理”	知识本源通，内在有联系 认知建构实，分析有理性 思想方法新，探索有深度
				志趣，让学生感到有志向	1. 情趣上的升华 2. 理趣上的凝练	研学成果丰，展示有创新 评价形式多，呈现有维度 学科育人先，教学有温度

华罗庚先生曾说他的学习方法很简单，就是“读书要从薄到厚，再从厚到薄”。

教学指南概括了疑趣课堂的核心思想、内涵本质、特征要领，展现了“从厚到薄”的过程。一方面能再次凝练教学主张，使其内涵更体系化、操作更系统化；另一方面，这份教学指南是一份纲要，既简洁明快、一目了然，又能帮助读者理解、贯通前文叙述。

教学指南梳理了疑趣课堂的教学策略、实施要点、教学表征，展现了“从薄到厚”的过程。这样能使读者更容易把握疑趣课堂的实践原则，依据教学指南，从策略、要点、表征出发，结合学情，创造性地开展设计、实施教学。

二、教学结构

如图 6－4,疑趣课堂的教学过程是“设疑—生疑—释疑”螺旋上升的过程,而这个过程的机理就是情趣和理趣的编织、融合,学生在数学学习过程中再将情趣和理趣升华、凝练成志趣。

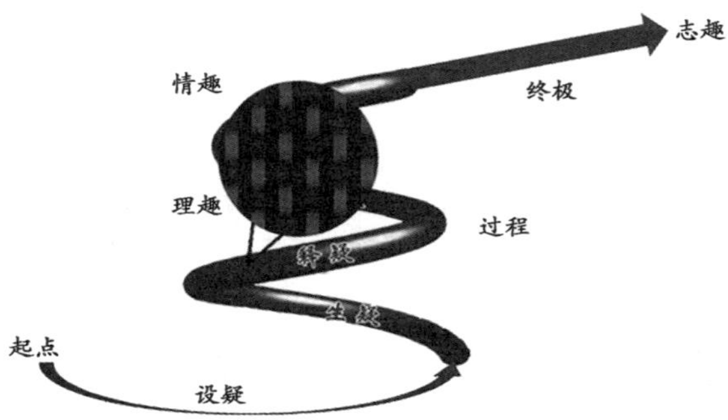

图 6－4 疑趣课堂螺旋上升的教学过程

教是为了更好地学。疑趣课堂中有一部分设疑来自教师,它可引发以学生为主体的自主性、创造性学习,帮助学生形成数学学习的志趣。

三、教学层面

学习如登山,登山需要精神,学习数学就需要理性精神。

西方理性主义认为,理性是一种文化精神,是一种普遍化力量,是人类存在的根基和内在逻辑。康德说,这世界唯有两样东西让我们的心灵感到深深震撼,一是头顶的星空,二是内心崇高的道德法则。我认为康德所说的“内心崇高的道德法则”指的是人的理性。

虽然小学阶段面对的是较为初级、简单的数学知识,但知识作为人类智慧的结晶,每一个概念背后都承载着思想、理性。教学要发掘思想,追求理性,正所谓“知识可以简单,但思考不能简单”,教学的理性追求,就需要教师具有大数学观和高位视野,概括地说,数学教学要体现对真善美的追求。如图 6－5,疑趣课堂可让学生亲历学习的三个层面。

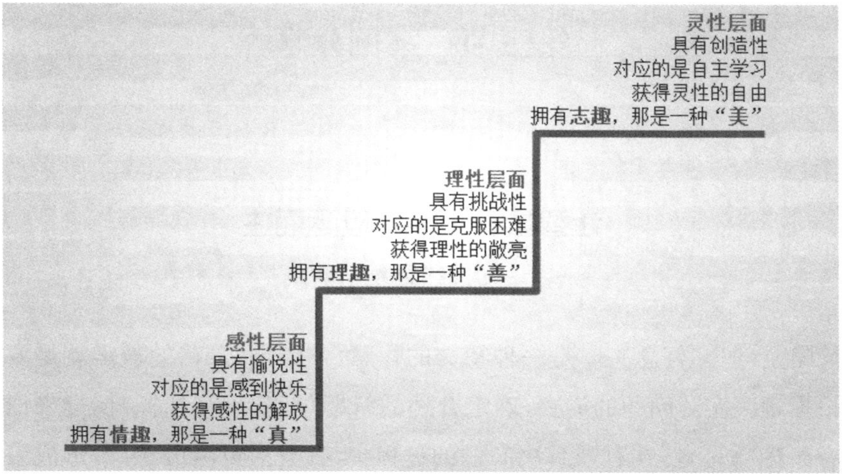

图 6－5　疑趣课堂的三个层面

从感性层面而言，让学生不断发现数学真理的严谨、精确，拥有“知什么”的理解力，生发疑问，提出问题，在不断发现真理的过程中，感受愉悦和快乐，获得感性的解放，拥有情趣。

从理性层面而言，让学生不断挑战疑难，克服困难，拥有“如何知”的行动力，研究剖析，解决问题，培养合理运用数学方法分析和解决问题的能力，获得理性的敞亮，拥有理趣。

从灵性层面而言，让学生欣赏数学知识的智慧之美，喜欢数学，热爱数学，拥有“还可知”的创造力，在创造性地探究发现、解决问题的过程中，获得创新方案，在自主学习的明理过程中，感悟到数学的魅力，获得灵性的自由，拥有志趣。

诚如陈省身先生所言“数学好玩”，这种好玩并非娱乐，而是在发现与创造的过程中所感受到的愉悦与快乐。疑趣课堂中的三个层面建构成坚实的攀高三阶梯，有助于促进学生的深度学习有效发生，而这种深度学习本身就是一种美的境界、美的享受，激励学生孜孜以求地去发现、去攀登，最终达到理性人格的目标。

第三节 案例分享

案例 1

让智慧在疑趣中应运而生

——“倒推”的教学实践

策略是一个“好念头”,是一种特殊的智慧。“倒推”策略的教学就是要让学生能根据解决实际问题的需要,确定合理的解题思路,恰当选择“倒过来推想”,进行有条理的思考,在有效解决问题的过程中,提升对策略的认识,形成策略意识。形成这样一种智慧并非易事,而且儿童处于策略形成的初步阶段,不仅需要教师给予清晰的指导,更需要与儿童相适切的学习课堂。①

疑趣课堂既要关注学生的思维,也要兼顾学习的趣意。因而,基于儿童现实与学科特点,让学生在疑趣中形成策略、拥有智慧是一种较好的选择。

一、疑趣贯穿课堂,两者相得益彰

1. 设疑在学生认知之上,体现出理趣

疑趣课堂中的设疑强调把握学生的学习起点,应该建立在学生认知基础之上、趣味之中。

首都师范大学的王尚志教授说,数学要讲逻辑推理,更要讲道理,不能满足于仅仅让学生知道是什么,还要让他们深入地理解为什么会这样。数学上的智慧,恰恰是数学最具有思想魅力之处。策略的学习也必须基于学生的需要,唯有需求才能引发寻求策略的意愿。因此,在解决问题策略的教学中,首先要诱发学生对学习解决问题策略的心理需求,这就相当于找到了撬动学生思维的支点。

---

① 季国栋.让智慧在疑趣中应然而生:“倒推”策略的教学设计[J].江苏教育(小学教学版),2013(7):66-68.

诱发的触点应该是学生过去的经验和已有的知识，而这无处不在——既可以在高难度的数学问题中，也可以在日常生活中，还可以在儿童喜闻乐见的游戏和活动中。课堂上的"顺话倒说"和"小猫钓鱼"便是如此。

【教学片段一：萌发策略】

师：老师想先跟大家玩个游戏"顺话倒说"。（板书：顺　倒）

师：长江。

生：江长。

师：楼上请。

生：请上楼。

（学生张口就来，学习兴致高涨）

师：再来一个——吃不到葡萄就说葡萄酸。

（学生惊呆，个别学生开始书写）

师：（追问书写的学生）你有什么好办法？

生：我先写下来，然后可以看着倒着说。

师：复杂的先顺着写下来，再倒着说，是个好办法。

师：老师带来两件礼物，不过都是需要动脑的，想要吗？

生：（齐声）想要。

师：第一件礼物是一幅画（如下图），四只小猫钓一条鱼，请大家找找是几号小猫钓到了鱼。你是怎么找到的？

哪只小猫钓到了鱼？

生 1：我是从鱼开始顺着线找，是 3 号小猫钓到的。

生 2：也可以从第一只猫开始逐个去找鱼，最终找到 3 号小猫钓到了鱼。

生 3：我认为从鱼找猫更好。

师:猫钓鱼为何变成鱼钓猫呢?

生4:如果从猫开始找的话要一个一个找过去,太麻烦了,从鱼找猫可以一下子找到。

师:在顺着找麻烦时,倒着找或许更准确、便捷。同学们分析得很透彻,简单之中蕴含着深刻的道理。

课堂教学呈现出悟之以理趣,突出的是鞭辟入里、洞悉幽微的理趣,让学生觉得有味道。"一个新思想最有意义的部分,常常不在那些最一般的深刻定理之中,而往往寓于最简单的例子、最原始的定义,以及最初的一些结果。最重要的信息却常常包括在容易的部分,甚至在几个简单且深刻的观察之上!"显然,我们要让学生在精致化的生活经验中,循着感性中的浅白之理,向着数学的理性认识迈进,生成数学理性知识。上述这幅画对成人而言并没有什么特别之处,却是学生喜闻乐见的经典建模之基,是简单中的深刻。

教育家夸美纽斯说:"提供一种既令人愉快又有用的东西,当学生们思想经过这样的准备之后,他们就会以极大的注意力去学习。"这种准备不仅是指在情感和兴趣上的,如果其中还蕴含着所教内容的深层次联系,为后面的学习埋下了伏笔,那就有了理性的意味。

2. 生疑在认知冲突之中,体现出情趣

疑趣课堂强调引发学生的认知冲突,使学生在矛盾和困惑中产生探究欲望。而这一冲突的产生应当强调把学习的趣味与儿童的感受结合起来。真正的趣意是个人化的,需要自己判断、自己感受,是一种体验,而且是儿童的体验,是儿童学习数学的体验,在学习中需要释放这种体验。因此,可将"倒推"策略蕴含在有趣的故事《秀才请客》中,实现二者的和谐相融。数学教师的任务不是创造新的数学概念,而是创造儿童对数学概念的理解,数学内涵越是抽象理性,越需要我们转化为恰当贴切的直观形象。

【教学片段二:引出策略】

师:给大家带来的第二件礼物是一个故事《秀才请客》(如下页图)。

古时候有位秀才过生日请客。到了时间,有些客人还没来,他着急地说:"怎么搞的,该来的不来?"来的客人心想:"那我们是不该来的?"有一半的客人给气走了。秀才一看，越发着急了，便说："不该走的怎么走了呢？"剩下的客人又想："我们这些没走的倒应该走了？"又有十位客人被气走了。这时，秀才自言自语道："我说的又不是他们。"这下，又有一半客人走了，最后只剩下两位。

（学生听得发笑）

师：在这个有趣的故事中还蕴含着数学问题，原来已经来了几位客人？大家不妨先想一下，打算怎样解决这个问题？

（问题颇有难度，学生开始沉思）

生 1：要像刚才那样，从最后想起。

生 2：已经知道了结果，要求原来，要倒着想。

（板书：原来　结果）

师：结果相当于小猫钓鱼中的鱼，要求的原来就是猫。不过，与小猫钓鱼相比，这个问题的过程复杂多了，借助课前游戏的经验，我们可以先怎么办？

生：顺着写下来。

（板书：原来$\xrightarrow{\text{顺着整理}}$结果）

师：接下来就请同学们动笔试着解决这个问题。

（给学生足够时间整理，指名上台展示）

生 1：全部的人→走掉一半→走了 10 人→又走了一半→剩下 2 人

生 2：原来的人先走掉一半，又走了 10 人，接着又走了一半，最后剩下 2 人。

师：对于这两种整理方法，你有什么想法？

生 1：两种方法都按照顺序把故事整理了一遍。

生 2：第一种用符号表示更简洁。

师：画简洁的箭头图，相当于用符号"数学化"地顺着写出了这个故事。已经很了不起了，还能更简洁吗？

生3:将文字用数字和符号代替。

生4:全部的人→÷2→−10→÷2→2人

师:太厉害啦!根据这样顺着整理就可以倒着推想。(板书:倒着推想)

板书:原来$\xrightleftharpoons[\text{倒着推想}]{\text{顺着整理}}$结果

师:最后"走了一半"的,倒着想变成怎么算?

生:乘2。

师:"走了10人"的,倒着想变成怎么算?

生:加上10。

师:看来倒着推想不仅仅要在思考方向上从结果倒推原来,更为重要的是要运用加与减、乘与除之间的关系倒过来算。

师:柏拉图曾经说过,我们后来所获得的东西,总是在先前已为我们所拥有。不妨再回顾一下我们是如何解决"原来已经来了几位客人"的。

生1:顺着把好多步骤整理出来。

生2:需要用数学符号简洁地整理。

生3:然后倒着再算出来。

生4:倒过来想的时候运算也要倒过来。除法变乘法,减法变加法。

师:讲得都很有道理。简单的可以直接倒推,复杂的可以先顺着整理,再倒着推想。这种倒着推想的方法也是一种解决问题的策略。我们把这种策略叫"倒推",有时也叫"还原"。(板书:倒推)

课堂教学呈现出动之以情趣,突出的是雅俗有致、妙趣横生的情趣,让学生觉得有意思。数学知识来源于生活,许多内容都能在生活中找到对应的原型。一些不易理解的理性认识如果学生听不明白,不应该喋喋不休地从理性的角度反复讲,而应该寻找贴切的例子,运用富有情趣的事例向学生阐释。

二、在亲历中充分释疑

疑趣课堂强调让学生经历由困惑到明了的过程,在认知失衡后实现顺应,达到新的平衡。策略形成的过程也必须让学生自己经历、体验和感悟。

【教学片段三：积累策略】

师：秀才这里有400毫升酒，如果请留下的两位客人喝，这样分公平吗？（出示：400毫升，甲多乙少）

生：（笑着）不公平，会有人被气走的。

师：如果从甲杯倒40毫升到乙杯，现在两杯酒同样多，这总可以了吧。谁来提个问题？

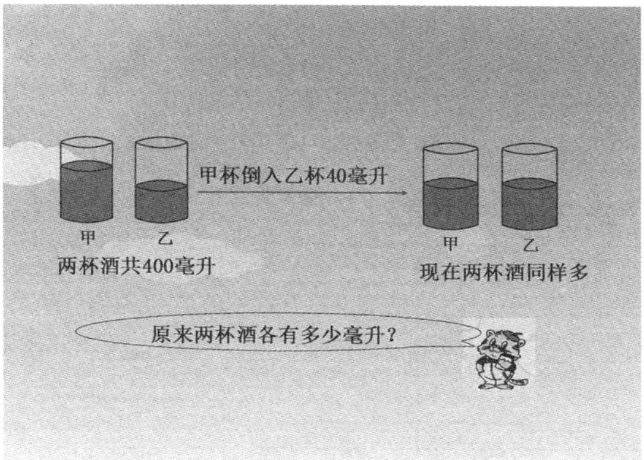

生：原来两杯各有多少毫升？（如上图）

师：刚才客人人数是一个量在变化，我们解决了，现在是两个量在变化，你们还能解决吗？

生：（齐声）能。

（给予学生充分的思考时间）

生1：

甲 —倒掉40毫升→ 200毫升
? ←——

乙 —倒入40毫升→ 200毫升
? ←——

生2：400÷2=200（毫升）

甲：200+40=240（毫升）

乙：200−40=160（毫升）

生2：先求出现在两个杯子里各有200毫升，再把甲杯给乙杯的40毫升还回去就行了。

生3:40×2=80(毫升)

乙:(400-80)÷2=160(毫升)

甲:160+80=240(毫升)

生3:甲杯给了乙杯40毫升就同样多了,意味着原来两个杯子相差80毫升,从总量里拿掉80毫升再除以2就是乙杯的量,最后再加上80毫升就是甲杯的量了。

生4:

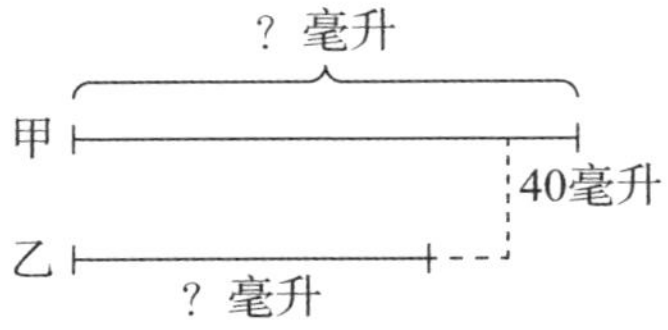

生4:我是用线段图来帮助自己理解的,算式和刚才的同学一样。

生5:我是先列表整理信息,再列式解答。

	甲	乙
现在(毫升)	200	200
原来(毫升)	240	160

甲:200+40=240(毫升)

乙:200-40=160(毫升)

师:同学们想到的办法真多!我们发现,整理信息的形式可以是多样的,有箭头图、线段图,还有填表格等;解决问题的策略也可以是灵活的,有的用"倒推"策略,也有用和差关系的。

以上课堂教学充分说明了策略学习既不是一蹴而就的,也不是简单的搭积木,而是一个生态式孕育的过程。准确把握数学学习的起点,促使学生在自身已有的基础上去探求新知,无疑是促进学生持续发展、凸显教学本质的前提。[①] 教师利用故事大背景,让秀才请留下的两位客人喝酒,从酒量的不等到均分,由原来一个量变化延伸到两个量同时变化。

三、在运用中萌生志趣

疑趣课堂强调让学生在知识运用中萌生志趣,突出的是另辟蹊径、促人奋进

① 季国栋.在探究中体会 在引导中提升:《认识三角形》一课的解读与实践[J].河北教育(教学版),2009(4):23-25.

的运用，让学生感到有志向。问题解决与问题提出之间有着重要的联系。如果说问题提出是为问题解决服务的，那么问题解决显然也直接涉及问题提出的主题："你能不能把这个结果或方法运用于其他的问题？"比如，时间问题是"倒推"策略在日常生活中的典型运用，路线问题是学生曾经接触过的知识，可将其与策略相融通，集邮问题则是将变化的量进一步拓展，延伸至三个量同时变化。通过这种有意识的多层次、多角度安排，学生在运用知识时不仅会有成就感，也会萌生志趣。

【教学片段四：运用策略】

呈现：小明的生活

1. 时间问题：小明穿衣要 2 分钟，刷牙洗脸要 3 分钟，吃早饭要 10 分钟，步行到校要 15 分钟。如果要在早上 8 时到校，那么小明最迟在什么时候起床？

2. 路线问题：小明从家出发去上学，先向东走到大桥，然后向东南走到桃园，再向东走到学校。小明放学回家走的路线是怎样的呢？

3. 集邮问题：小明和小华、小红都是集邮爱好者。他们共有邮票 120 张，小明送给小华 13 张，小华又送给小红 25 张，结果他们邮票的张数同样多。他们原来各有多少张邮票？

师：谁来先解决第一个问题？

生 1：我从 8 时开始想起，每件事情所花的时间就从 8 时里减去，最后得到的就是小明的起床时间。

8 时－2 分－3 分－10 分－15 分＝7 时 30 分

生 2：我先把所有事情全部加起来，算出需要的时间，再从 8 时里减去就可以了。

2 分＋3 分＋10 分＋15 分＝30 分

8 时－30 分＝7 时 30 分

师：刚才的两种想法都很好，倒推的时候我们既可以按照顺序一步步倒推，也可以把所有过程先合并再倒推。

师：下面解决第二个问题。

生：小明从学校出发，先向西走到桃园，接着向西北走到大桥，最后向西走到家。

师：最后一个问题难度大了，有三个量在变化，你们还能解决吗？

生1：小明 $\xrightarrow{13\text{张}}$ 小华 $\xrightarrow{25\text{张}}$ 小红

? ⟵ ? ⟵ ?

生2：120÷3＝40(张)

小明：40＋13＝53(张)

小红：40－25＝15(张)

小华：40＋25－13＝52(张)

师：同学们很会动脑筋，而且水平真高。

罗增儒教授在《数学解题引论》中指出，任何数学问题的结构都有共性和个性两个方面。由共性出发，我们可以设法找出处理这一类问题的更高观点或统一原理；由个性出发，我们又可以找出解决这一道特定题目的特殊技巧。这两方面的思考，是优美解的重要源泉。因此，要用联系的、多元的、复合的视角设计问题，比如“小明的生活”。学生将在解决问题的过程中感受到策略的力量，从而更好地发展思维、改善思维，提高灵活解决问题的能力。当学生的思维由特殊走向一般时，智慧也就应运而生。

案例 2

数学的“理”在疑趣中生长

——“周期问题”的教学实践

儿童的世界是经验、直觉和形象化的世界。但数学具有高度形式化、抽象化和理性化的特点，这是数学的“理”。因此，在小学数学的教学中，面对数学和儿童之间的差异，我们往往需要基于学生起点和数学学科领域，寻找一条平衡之道，让数学的“理”在疑趣中生长。下面以三年级“周期问题”一课为例，具体谈一谈笔者的实践与思考。

一、把握学生的认知起点，初步描述周期现象

真正有效的数学教学应基于学生的认知起点展开。儿童的认知起点既包括知识起点，也包括心理起点。教师组织学生开展“猜幸运星成为幸运者”的趣味活动，学生情绪高涨，课堂气氛活跃。从一开始的个别猜对到后面的集体猜对，从无序到有序，学生逐渐明白幸运是建立在发现和认识基础上的，从而初步感知“周期”现象，并乐意进一步探索新知。正是因为教师准确把握了学生的心理起点，所以整个过程富有情趣且有数学意思。

【教学片段一】

师：今天季老师给大家带来一串幸运星。（课件出示一颗红色幸运星）这串幸运星中下一颗将是什么颜色？猜到的就是幸运者。

生 1：红色。

生 2：蓝色。

生 3：绿色。

生 4：白色。

师：好，看看有没有幸运的人。（课件出示一颗绿色幸运星）请你站起来，你是幸运的。

师：下一颗？

生 1：黄色。

生 2：红色。

生3:白色。

生4:红色。

生5:蓝色。

生6:白色。

师:猜了好多,看看谁是幸运儿。(课件出示一颗蓝色幸运星)有没有谁猜到啊?猜到的站起来(生5站起来),你是幸运的。

师:下一颗?

生1:黄色。

生2:红色。

生3:紫色。

生4:黄色。

生5:黄色。

生6:粉色。

师:(课件出示一颗红色幸运星)生2是幸运的。

师:下一颗?

生1:绿色。

生2:绿色。

生3:绿色。

师:都猜绿色,如此确定?

生:(齐声)对。

师:看看。(课件出示一颗绿色幸运星)还真是绿色。下一颗什么颜色?

生:(齐声)蓝色。

师:再继续猜下去,依次会是……

生:(齐声)红色,绿色,蓝色,红色……

(随着学生的话,课件依次出示红色、绿色、蓝色的幸运星)

师:为什么一开始只有几个同学是幸运的,而现在我们大家都幸运了呢?

生1:因为最先掌握的规律不明显。

生2:只要一直往后依次排列,全是一样的颜色。

生3:因为一开始它没有规律,你只能靠猜。但出来第四个以后,就知道它是几个一组,然后往后就都知道了。

师:原来这份幸运不是无缘无故的,是建立在发现和认识基础上的。这种现象我们生活中经常会遇到,一起来看。

师:日出、日落,第二天日出、日落……这叫——

生:日复一日。

师:一年四季,接下来第二年、第三年……这叫——

生:(齐声)年复一年。

师:是啊,小朋友的活动中也有这样的现象。除了屏幕上出现的这些现象以外,你还能想到其他的吗?

生1:一周有7天。

生2:一年有12个月。

生3:红绿灯。

师:这些现象虽然看起来不一样,但有没有一个共同的特征?用一个词来形容。

生1:周而复始。

师:周而复始,你能具体说说是什么意思吗?

生1:也就是一直循环下去,永远也变不了。

师:小伙子,把这个词写在黑板上。除了"周而复始",还能找到什么词?只要能解释说明的,就把这个词写在黑板上。

生2:规律。前一组规律和后面一样。

生3:反复。就是一个事物出现了,后面又出现了。

生4:循环。一件事物完了,下面一件和它是一样的。

对于周期现象,学生具有一定的生活经验,能够从生活中发现一些周期规律现象,只是这种认识是零散的、模糊的,他们还不能完整清晰地表述其规律,不能将这些现象抽象到数学的高度,而需要借助对多个具体的现象的观察来充分感知。基于这样的认识起点,教学时可联系生活中的周期现象,提供丰富的素材,让学生在看和说的活动中充分利用已有的生活经验,基于对多种例证的理解,用不同的词语对现象的共同特征进行自主描述，尝试归纳周期现象的结构特点，形成对周期现象的初步感知。

二、丰富学生的认知过程，深刻理解周期规律

小学阶段，儿童的思维正处于从具象思维到抽象思维的过渡期，又以具象思维为主。[①] 而数学学习是数学化的过程，需要从现实原型中抽象出相应的数学问题进而展开研究。在这个过程中，教师的问题引领显得尤为重要。在关键处设置问题，才能促进儿童更深入地思考，有效地开展具体的数学活动，丰富认知过程，实现从感性认识走向理性认识，深刻理解所学的数学知识。

【教学片段二】

师：我们有这么多同学能想到这么多词语来形容这些现象。老师有个问题，哪部分在发生着反复，发生着周而复始，发生着循环？

（板书：哪部分）

（学生在图上圈出）

生：（边圈边说）日出和日落，日出和日落，日出和日落……

师：她在说的时候还有停顿，说明这一圈一圈圈出来的就是在——（手指黑板）

生1：反复，周而复始，循环。

生2：那就是一种规律。

① 杨静.让学生去做，走实践之路——以《认识物体》为例谈小学数学的实践教学[J].教育观察（下旬），2014(12)：50－51.

师：这就是周期规律。刚才那个圈已经被我擦掉了，你们还能看到那个圈吗？

生：能。

师：眼中有圈，真好！现在请你选择○、□、△、☆等图形符号将排队中的周期现象画出来。

（学生各自画）

师：我们一起交流，最上面的日出和日落，选几个图案？

生：两个。

师：那么春夏秋冬呢？

生：四个。

师：排队画面中，同样也是圈四个，应该选几个图案？

生 1：两个。

生 2：因为两个两个是一样的。

生 3：选两个图形，因为在一组四个小朋友中，前两个都是男生，后两个都是女生，男生用一个图形表示，女生用另一个图形表示，只要选两个图形就可以了。

（全班鼓掌）

师：对黑板上画的有没有意见或建议？

生 1：屏幕上有两组还多三个，可是他只画了两组。

师：还缺？那怎么办呢？

生 2：可以加省略号。

生 3：加上省略号，后面还有很多很多都可以省略了。

基于学生对形容周期现象的词语的描述，教师顺势提出了“哪部分在发生着反复，发生着周而复始，发生着循环”这一关键问题，引发学生深入思考。在问题的引领下，学生经历观察、思考、质疑、评价交流等数学思维活动，借助圈一圈的操作准确地找到了每种现象中的一个周期，加深了对周期的理解。在充分理解的基础上，教师引领学生自主选择☆、△、○、□等图形符号将周期现象画出来。通过对选几个图形进行辨析后，学生“眼中有圈”，对周期规律的认识从具象走向抽象，进而动手表征周期规律。完整的“画”表明学生已形成对周期规律的抽象认识，达到了认知的新高度。

三、丰富学生的情趣感受，灵活运用周期规律

情趣是感性的，有情趣才有吸引力。运用数学知识解答实际问题，是数学与现实的交互，属于从理性走向感性，体现着数学知识从特殊中来，到一般中去。在这个过程中，若能设计精妙的练习，将有助于学生体会到数学的妙趣横生，觉得有意思。

【教学片段三】

师：这是周期现象吗？（出示右图）

生 1：这是周期现象，我可以圈出“我爱数学”。

师：眼中有圈，已经有了数学的眼光。继续看下去。

生 2：这不是周期现象，虽然它是有规律的，但它后面的笑脸每隔一个爱心就增加一个。

师：那你觉得怎样才是周期现象？

生 3：前后一样的。

生 4：每个圈里都一样的才叫周期现象。

师：看来我们对周期规律认识得越来越透彻了。（板书：相同）接下来我们做个游戏，电子屏幕上逐个出现一些图形，如果你们看出是周期现象就喊停。

生 1：停。（出现：○□○）

生：（许多人）不停。

生 2：停。（出现：○□○△○□）

生 2：（不好意思）不停。

生：（齐声）停。（出现：○□○△○□○△）

生 3：至少要看到两组。

师：正如坦普·倍尔说的“数学的伟大使命，在于从混沌中发现秩序”。今天我们学的周期规律就是规律中的一种，利用这个规律，我们可以去解决一些问

题，比如像黑板上这样画下去(指着○○□□○○□□○○□□……)，第 23 个是什么图形？每个同学把你的想法写在练习纸上。

生 1：我是数出来的，数到第 23 个就是□。

生 2：可以列算式，23÷4=5(组)……3(个)。

师：请你写在黑板上，说说这个式子中的每个数表示什么。

生 2：这里的 4 代表一个周期，23 里面有 5 个周期，多了 3 个图形，周期是○○□□，所以应该是□。

生 3：在 23 个图形中，每 4 个图形为一组，有 5 组，还剩下 3 个，也就是第 6 组的前三个，所以数第 1 组的前三个，得到的是□。

师：你的补充让我们更明白了，感谢你。(全班鼓掌)

以上教学片段的主要目标在于让学生灵活运用周期规律来解决实际问题，带着数学的眼光从理性走向感性。学生学得兴趣盎然，思维得到发展，他们根据已有认识，也就是“眼中有圈”，进行辨析：虽然有规律，但“那部分”不一样，这个“圈”套不上；至少要有相同的两组出现，这个“圈”才可以套上去。学生在对周期规律充分理解的基础上，从部分思考整体，采用不同的方法推断未显现的图形，很多学生甚至能上升到算法的高度，并合理解释算式中每一部分的意义，这样学生对周期规律的运用更灵活，理解也更深刻。

四、激发学生的学习理趣，深刻感悟规律本质

理趣自然是理性的，有理趣才有价值。从某种角度看，数学内部的研究和发展是从理性到理性。因此，在数学教学中，促进儿童在理性的认识上有更多发展是很有价值的。这就需要我们在数学教学中因势利导，有所作为，适时激发学生对数学理性的兴趣，让他们在鞭辟入里中感悟到数学的价值。

【教学片段四】

师：除法算式中每个数都有意义。再思考一下，在这几个数中，哪个数更重要呢？

(学生先独立思考再同桌讨论。集体交流时，大家纷纷表达自己的观点，气氛热烈)

生1：更重要的应该是总数。如果总数不一样，求出的得数也不一样，那么找到的图形也不一样。

生2：如果不知道每组有几个，总数知道了也没用，所以4更重要。

生3：我觉得还是余数3更重要，这个3肯定是表示下一组的第3个，不管怎样，它总是下一组的第3个。

生4：我也认为4更重要。如果你不知道它的周期，结果都求不出，余数又从哪里来呢？

师：其实到底谁更重要并不重要，重要的是大家明白了每个数的意义。那么，哪个数表示的意义更丰富呢？

生1：我觉得余数3可以表示第6组的第3个，也可以表示下一组的第3个，还可以表示□。

生2：余数3和第1组的第3个是一样的。

生3：和第2组的第3个也是一样的。

生4：余数3可以表示每组中的第3个，所以这个数的意义最丰富。

师：对啊。孩子们，第230个是什么，你会做吗？

生：会！

师：还能知道第几个？

生1：我能知道第2300个是什么图形。

生2：我还能知道很远的图形。

师：远到哪里？

生3：远到天涯海角，很远……

师：所以，我们今天学的周期规律可以帮助我们通过看到的"有限"想到"无限"，这就是它的价值。孩子们，这堂课学到这儿该结束了。

生1：不好，还要继续学。

生2：上课就是上课，上课的时间是有限的。（全班大笑）

生3：脑海里的课是无限的。

（学生纷纷鼓掌）

基于问题解决中的算理，教师通过提问"算式中哪个数更重要""哪个数表示的意义更丰富”，激发学生在理性认识的基础上进一步理性思考。一石激起千层浪，学生的理趣一点即燃，大家各抒己见，甚至当场争辩起来，数学的“理”越辩越明，理性的认识螺旋上升。接下来的环节，教师又层层追问，再次点燃理趣：“第230个是什么，你会做吗？还能知道第几个？”学生在不断作出肯定回答的同时，迸发出“远到天涯海角，很远……”的精彩见解。润物细无声，由观察有限到推算无限，数学思想方法无痕地渗透在每一个学生的认知中。在这一过程中，学生悟到的不仅仅是周期规律的道理和价值，更有理性的自然生长，“脑海里的课是无限的”，数学知识由此升华到另一个新的高度。

案例 3

疑趣相融,从“数学画”走向“数学化”

——“三角形与四边形”的教学实践

疑趣课堂追求智力因素与非智力因素的相辅相成,努力实现数学学习的认知过程与情感过程的和谐统一。① 疑趣课堂将“疑”和“趣”组合在一起连用,是指“疑”和“趣”相伴而行,相互支撑,相辅相成,立体交融,和谐共生。疑能得趣,则是由疑生思,由思得趣;趣能促疑,则是由趣生思,由思促疑。疑趣课堂的蓬勃生命力就源于两类因素、两种过程的有机融合。

认识三角形和四边形是学习平面图形的重要内容,在疑趣课堂的理论的指引下,学生通过“猜”和“画”,尤其是“画”,可以很好地认识图形的特征及其之间的关联,实现从“数学画”走向“数学化”。

一、趣能促疑:由趣生思,由思促疑

儿童的数学发展本身大多是由问题引领着,是一路伴随着“疑”的;数学活动同时也是好玩的,是富含着“趣”的。认识三角形和四边形是小学低年级的学习内容,考虑到低年级学生的认知特征还处在具体形象的思维阶段,对几何图形的特征把握得不够清晰和准确,教师可通过猜一猜、忆一忆,帮助学生由趣生思、由思促疑,进而明白研究图形的边和角是建立图形概念、掌握图形特征的重要方法。②

1. 忆一忆

课的开始,教师通过猜谜激发学生的学习兴趣与学习动力,引导学生抓住特征认识事物。课中让学生回忆特殊四边形的特征,由于此前对长方形、正方形已有充分的认知基础,因此学生能从边和角的特征入手进行判别,并且能借助直观,从共有和独有的特征入手,表达对长方形和正方形之间特殊关系的理解。

【教学片段一】

师:季老师给你们猜一个谜语。谜面是“四季穿皮袄,家中当个宝”。

---

① 杨育懋.浅议数学教学中的情感互动教学[J].理科爱好者(教育教学版),2009(2):157.

② 顾颖菊.“疑”“趣”相通,优化过程,理解本质——“认识多边形”教学思考[J].中小学教材教学,2016(9):40-42.

生：猜不出来。

师：还有两句“整天摇尾巴，热了吐舌头”。

生1：狗。

生2：也是狗。

师：恭喜你们。谜底就是狗，为什么前面只说两句的时候猜不出来，后两句一说，个个都能猜？

生1：因为狗每次都吐舌头啊。

生2：天热了吐舌头。

生3：因为它高兴的时候会摇尾巴。

师：你们很了解狗。关键是后两句把狗的特征说出来了。不管是猜谜语还是认识事物，我们都要从它的特征出发，数学学习也这样！

师：孩子们，见过这个图形吧？

生：长方形。

师：谁来说说它的特征？

生：有四条边，四个直角，对边相等。

师：请坐，还有哪个孩子也想说？

生：有四个直角，四条边，对边相等。

师：两位同学在说长方形特征的时候，不约而同地都在说它的什么？

生：边和角。

师：我们认识图形，往往会从这两个角度去观察。再来一个图形，什么名字？

生：正方形。

师：也来说说它的特征。

生1：正方形有四条边四个角，对边相等，都是直角。

生2：它不但对边相等，而且四条边都是相等的。

生3：正方形是特殊的长方形。

师：它的特殊在于……

生4：它们的特征都是一样的，都有四条边四个角，对边相等，都是直角。

师：好，这是相同的地方，那么特殊的地方呢？

生 5:四条边都相等。

师:所以我们说,正方形是特殊的长方形。这些都是我们之前学过的知识。

2. 猜一猜

课的结尾,教师通过把一个四边形分别露出一个、两个、三个直角,让学生猜猜可能是什么图形,既加深了学生对四边形概念的理解和特征的认识,也激发了学生继续探究的欲望,从而满足了学生多样化和个性化的学习需求。学生充分参与探索性的学习活动,有效地提高了空间观念、观察能力、数学语言表达能力,以及分析、比较、概括等逻辑思维能力。①

【教学片段二】

师:(出示图片)这是一个四边形,被一片云挡住了,猜一猜这是一个怎样的四边形?

生 1:我觉得应该是正方形。

生 2:可能是长方形。

生 3:有可能是菱形。

生 4:菱形有直角,就是正方形。

生 5:有可能是三角形。

生 6:不可能,因为题目中说的是四边形,三角形只有三条边。

师:这位同学看题很认真,值得我们学习。正方形、长方形都是特殊的平行四边形。还有这种可能,我画个草图,大家看一看。

(学生瞪大眼睛观看)

师:还可能是一个普通的四边形。在猜的过程中,我们明白了,在只看见一个直角的情况下,我们不能确定它是什么样的四边形。(出示图片)现在有两个直角了,还是四边形,可能是什么图形?

生 1:可能是长方形。

生 2:可能是正方形。

生 3:可能是普通的四边形。

① 姚瑶.基于 APOS 理论的小学数学概念教学研究[D].浙江:宁波大学,2016.

师：你能把这个普通的四边形画出来吗？我们拭目以待。

（生 3 上前画图）

师：他画的算是草图，说是普通的四边形，其实在以后的学习中，我们会知道这个四边形也有自己的名字。再来一个，现在可能是什么图形？

生 1：正方形。

师：告诉大家，这两条边的长度是相等的。（指着邻边）

生 2：我也认为是正方形。

师：都同意是正方形，那凭什么说它是正方形？

生 3：因为这三个角已经是直角了，那么第四个角也是直角。

师：那么四个角都是直角，它就是正方形了吗？

生 3：有可能是长方形。

生 4：比长方形特殊，因为长方形只有对边相等。

生 5：是的，两条靠近的边相等，对边也相等，那么四条边都相等，是正方形。

师：虽然大家不能完全说清楚理由，但能想到这么多已经非常了不起了。我们在以后的学习中会越来越明白的。

以上就是“趣味”与“思维”的自然渗透。教师通过设计富有挑战性的问题，让学生在活动中运用多种感官相互协调，激发思维的碰撞，充分感受图形之间的联系和区别。学生在巩固运用知识的同时自发进行创造性的总结，进一步积累了空间与图形的成功学习经验。

二、疑能得趣：由疑生思，由思得趣

如何点燃学生思维的火花，改善学生的课堂生活品质，这是教师应该关注的永恒话题。思维的训练和发展可以提高和升华兴趣，趣味的火种可以激发思维的火花。① “疑”与“趣”相辅相成，由疑生思，由思得趣，优化学习过程，引领学生走向深度思维，帮助学生把握图形的特征，让学生在学习过程中体会到乐趣，升

---

① 顾颖菊.“疑”“趣”相通，优化过程，理解本质——“认识多边形”教学思考[J].中小学教材教学，2016(9)：40－42.

华为志趣。

1. 画一画

郑毓信先生说过,我们应从单纯强调“帮助学生学会数学地思维”走向“通过数学学会思维”,我们也应从更广泛的角度理解帮助学生学会“画图”的重要性,①这不仅与他们的数学学习密切相关,也对提升学生的核心素养,特别是思维与表达能力,具有十分重要的作用。

【教学片段三】

师:见过三角形不算本事。如果能把三角形画出来,就是有水平。会画的举举手。

(学生纷纷举手)

师:好,拿出白纸,把三角形画在上面,开始。

(学生各自画三角形)

师:我选择了两位同学的画,大家看看他们画得怎么样。

(展示甲生画的三角形)

生1:它的下面的边不是直的,而是弯的。

生2:每条边都是弯的。

师:再来一个三角形。

(展示乙生画的三角形)

师:这两个三角形中,哪个三角形你更满意一点?

生:我觉得是第二个三角形,因为它每条边都是直的。

师:同意吗?

生:(齐声)同意。

师:有一句话说得好,有比较才有收获。把你的三角形和他的三角形相比,你有什么收获?

甲生:我的收获是以后要用尺画三角形。

师:这样边不直的三角形,我们往往把它作为一个草图,在只需要画草图的时候也是可以的。季老师也画了三条直直的线段,直吗?

---

① 郑毓信.关于教师专业成长的一点思考[J].教学月刊(小学版 数学),2019(10):4-9.

生 1:我觉得直是直的,但为什么那条线没到底呢?

师:能提出问题,非常好!

生 2:它的边还要连着另一条边。

生 3:如果是要画线段的话,应该围成三个角。

师:是的,这里还有一个词很重要,三条线段……(板书:围成)围成一个首尾相接的图形,那才是三角形。

师:同桌之间看看各自画出的三角形,虽然形状不同,大小不一,但有哪些相同的特征呢?

生 1:都有三个角。

生 2:三条线段都要画到底。

生 3:它还有三条边。

师:真棒,请坐。我们学习这些平面图形,就要从边和角这两个方面去认识。

师:这位同学还有话要说。

生:三角形还有三个顶点。

师:没错。了解得真多,非常好。

……

师:老师还画了一个图形,你们来看看。

投影展示:

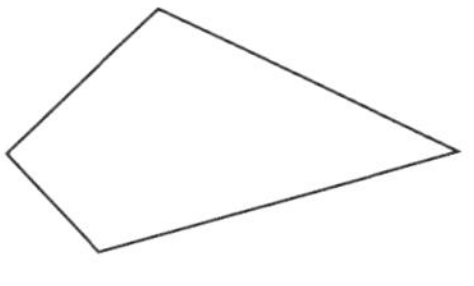

生:(齐声)四边形。

师:它是由几条线段围成的?(板书:四边形)

(学生纷纷举手)

生:四条。

师:那你们能画四边形吗?

生:(信心满满)能!

师:这个难度大了,多一条边了。换一张白纸,试着画一画。

(学生各自画四边形)

师:好,孩子们,我给四边形这边围一个“院子”(边说边画了一个大圈),凡是你画出来的是四边形的话,就可以放到这个“院子”里。你们来判断。

投影展示:

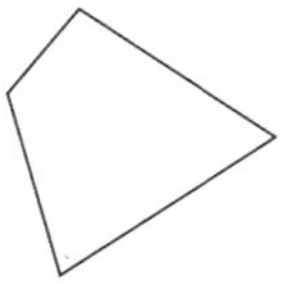

生:是。

师:我听你们的。(贴在四边形的“院子”里)

投影展示:

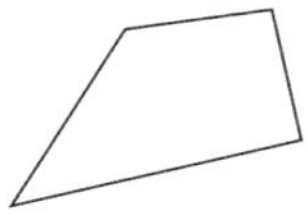

生:是。(贴在四边形的“院子”里)

师:我摆的位置不一样,有点怪,还是四边形吗?

投影展示:

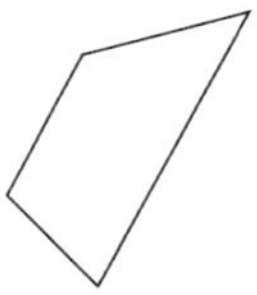

生:是。(贴在四边形的“院子”里)

师:我看到一个同学画得很特别,和刚才贴出的这三个很不一样。

投影展示:

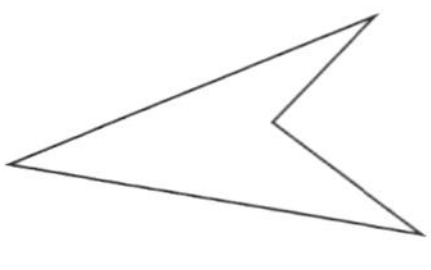

(学生纷纷质疑,有的说是,有的说不是)

师:是,还是不是?得说理由。

生1:你只要看它的边就行了,只要有四条边就是四边形。

生2:我来找角。找到了三个角,另一个角在外面了。

师:图形里面的也是一个角,是从这条边到这个位置(边指边说),这个角我们以后会认识的。

生3:图形里面也是四个角,那这个图形就是四边形。

师:这个图形长的样子和前面都不一样,它也有自己的名字。前面的这些图形都是凸出来的，这个图形呢？

生：凹进去的。

师：对，它就叫凹四边形。哪个同学画的？请站起来。（生起立）

师：要不要把掌声送给他？

（全班鼓掌）

师：为什么掌声要送给他？

生1：因为他画出了凹四边形。

生2：因为他画的这个图形我们都没想到。

师：掌声再次送给这位同学，感谢他。

（全班再次鼓掌）

师：有这么多四边形了，样子还长得都不一样，它们的共同特征呢？

生：它有四条边、四个角。（板贴"四条边四个角"）

学生体验了画一画的活动，通过观察、比较、分类，进一步认识三角形和四边形的本质特征。通过一次次的操作、一步步的分析、一层层的推进，静态的教材变成了动态的可让学生操作探究的过程，丰富和巩固了学生对三角形、四边形概念的理解和特征的认识，进而使他们形成表象。

2. 理一理

数学课堂不仅承担知识传授和思维训练的任务，更应主动承担起发展学生数学思想的任务。教师通过三个不同的"院子"，对所有四边形进行梳理，形成四边形与熟知的长方形和正方形的沟通和联结，初步渗透了四边形中特殊与一般的集合意义。学生在独立思考、交流发言时，发现长方形和正方形是特殊的四边形，它们的特征更多，所以要把长方形和正方形放进"院子"里的"中院子"和"小院子"。通过分类整理，学生培养了分析能力，并通过画图明晰了正方形、长方形和四边形之间的关系。

【教学片段四】

师：能不能把长方形摆到这个"院子"里去？

生1：可以。

生2：因为它也有四条边，有四个角。

师：那它有没有一点特殊的地方？

生1:四个角都是直角。

生2:长方形的特征有些四边形没有。四边形的特征,长方形和正方形都有。

生3:长方形要比这些四边形更特殊。

师:更特殊了,这个观点能认同吗?

生:(齐声)能。

师:好,既然长方形是这个“大院子”里比较特殊的一类,那我们就在里面再画一个“中院子”,把长方形挪进来。(在四边形的“大院子”内画了个“中院子”,并把长方形放入其中)

师:那么正方形怎么摆呢?独立思考后再交流。

生1:我觉得要再画一个圆圈,然后把正方形放里面。

(生1上前在两个圈里面又画了一个小圈)

师:她在画和摆的时候,同学们不妨想想这样摆是什么意思。

(其余学生边看边思考)

师:大家从她的摆法中明白了什么?

生2:我明白了正方形是很正方的。

师:(面向生1)他说的是你摆的意思吗?

生1:不是。

生3:我明白了,正方形是特殊的长方形。

生1:是。

师:好,你们还想说什么?

生4:我明白了长方形是特殊的四边形。

生5:我明白了长方形是特殊的四边形,那么正方形又是特殊的长方形,也就是说正方形也是特殊的四边形。

(听课教师纷纷鼓掌)

师:从“大院子”“中院子”“小院子”里我们能明白这么多,老师们都为你们的学习所得而鼓掌。

师:把三个“院子”对应的特征都连起来,你又有哪些新发现?独立思考后,组内交流。

生1:最小的“院子”里的图形,它的特征反而越多。

生 2：它们的特征几乎都是一样的。

师：哪里一样？

生 2：它们都有四条边四个直角。

师：这是它们相同的特征。还有谁想说？

生 3：这个“院子”里的图形都是四边形。

生 4：“小院子”的特征最多，“大院子”的特征最少。

师：咱们班的孩子真不简单，发现了这样一种联系，太厉害了。

学生画三角形和四边形时，在比较中抓住细节不断地纠错、完善，画出了思维的准确性；把画出的“院子”和特征联系起来，既有向半具体的回归，也与抽象分析密切相关，画出了思维的广度。以上教学中，师生画三角形、四边形以及大小不同的“院子”，也充分体现了疑趣课堂的教学特征之一——开放性。

课堂以疑趣贯穿教学，既注重结果，更关注过程。学生的学习过程伴随着充满趣味的智力挑战和思维训练，既能调动学生的多种感官积极参与，又避免了只注重形式化的训练和表面的热闹。[①] 学生因疑而思，释疑而进，体会数学意趣，积蓄探求动力，建立学习向往，孕育着志趣。

① 顾颖菊.“疑”“趣”相通，优化过程，理解本质——“认识多边形”教学思考[J].中小学教材教学，2016(9):40－42.

参考文献

[1] 季国栋.小学数学疑趣课堂的实践研究[J].基础教育参考,2017(18).

[2] 赵明尖.高中数学新课设疑式导入的使用情况研究[D].重庆:重庆师范大学,2016.

[3] 钟文红.数学中的质疑教学[J].小说月刊,2017(14).

[4] 季国栋.关于“数学规定”的理性思考和教学实践[J].课程·教材·教法,2014(5).

[5] 竺美月.高中学生数学反思能力的调查研究[J].中学数学月刊,2007(7).

[6] 成尚荣.徐斌“无痕教育”的主张与风格[J].中国教师,2017(19).

[7] 张晓刚.让数学课“好玩”[J].小学教学设计(数学),2015(2).

[8] 孙正聿.简明哲学通论[M].北京:高等教育出版社,2000.

[9] 潘晓艳.基于“脑科学”的数学深度学习探寻[J].数学教学通讯,2018(34).

[10] 黄佩商.小学数学教育应充分认识与应用学生心理学[J].老区建设,2014(12).

[11] 成尚荣.“疑趣”的内涵与价值[J].小学教学,2015(4).

[12] 潘小明.对数学课堂教学评价的若干思考[J].当代教育科学,2004(21).

[13] 杨孝斌.数学教学思维导向的研究[M].成都:四川大学出版社,2010.

[14] 曹秋芹.小学数学低年级学生学习起点的研究[D].苏州:苏州大学,2015.

[15] 郑毓信.动态与省思:聚焦数学教育(中)[J].湖南教育(下旬刊),2012(11).

[16] 周小山.新课程视野中的数学教育[M].成都:四川大学出版社,2003.

[17] 张奠宙.数学概念教学要融入中华文化,推陈出新——谈小学数学里“方程”概念的表述[J].小学教学,2014(22).

[18] 季国栋.面朝大海:我的数学教学[M].北京:中国文史出版社,2014.

后　记

有人说，选准一个方向，就只管上路，不要回头。我说，不走回头路，但是一定得回头看看来时的路。

于我而言，变化的只是工作的地点，不变的是我与数学教育的关系以及对数学教育的研究和追求。

“疑趣课堂”生根于江苏，发展于上海，或许不完美，但很真实。

2009年，我入选南通市名师培养第一梯队，在导师们的指导下，提出“疑趣课堂”，至今已有十余年。关于疑趣课堂的研究，先后被立项为江苏省教学研究重点课题、上海市教育科研课题。我和江苏、上海的团队成员以“疑趣课堂”的名义相遇，在“疑趣课堂”的实践中相知，并肩行走在“疑趣课堂”的研究之路上。

每个教学主张都有各自的边缘和局限。疑趣课堂不唯一，不至上，不排斥，不固化，可以与其他的教学方法相互兼容、相互浸润。疑趣课堂强调小学数学教学中要更加关注学生的思维和情感。因为数学，所以强调思维；因为儿童，所以强调情感。

疑趣课堂不是改变儿童，不是让儿童适应数学课堂，而是让数学课堂适应儿童。在疑趣课堂中，学生觉得数学学习非常好玩——特别吸引人，数学学习非常伤脑筋——需要积极思考，数学学习非常自由——可以自主学习，数学学习就像碰碰车——彼此可以相互交流。

疑趣课堂期待能积极影响一些小学数学教学的志同道合者，能为他们的专业发展给予一定的启发和帮助。随着疑趣课堂的理论和实践在国内许多地方的交流和展示，越来越多小学数学教师对此表示认可，并参与其中。

疑趣课堂从最初简单的字面解释，逐步深入，到如今已有的理论框架、实施路径、教学策略以及丰富的教学实践，包括教学指南、教学层面、教学结构、教学案例等，并且“摸索着寻找生长的阶梯，向高向远，不与尘染，寄情天涯——将文字整理成集”，最终形成了这本书。在此过程中，有领导的关怀、专家的指导，也有伙伴的帮助、家人的支持。衷心感谢成尚荣先生百忙之中在灯下为我写了热情洋溢、褒奖有加的序言,衷心感谢顾泠沅、曹培英、方建锋、章敏、姚剑强、王林、王笑君、严清、袁炳飞、孙国春、丁锦华、丁建强、朱玉茹、蔡宏圣等两地专家的教诲和指导,衷心感谢两地伙伴的帮助和支持,衷心感谢家人的默默付出。这份恩情,我将一直珍藏在心中。这本书是我十余年教学追求的阶段性总结,也是我漫步于数学教育的海边拾起的又一枚贝壳,更是我回报诸位、表达谢意的一种方式。

驻足回望,是为了明确收获,更是为了展望未来。路始终在延伸,当下的回望涵盖了一切,因为“它既联系着过去,又包含着未来:向前——一切的过去,抑或,向后——一切的未来,直到永远——直到永恒”。

心有多远,路有多长。

季国栋
2021 年 8 月

图书在版编目（CIP）数据

疑趣课堂：让学生享受数学生活 / 季国栋著. — 上海：上海教育出版社，2021.6
ISBN 978-7-5720-0905-1

Ⅰ. ①疑… Ⅱ. ①季… Ⅲ. ①小学数学课－课堂教学－教学研究 Ⅳ. ①G623.502

中国版本图书馆CIP数据核字(2021)第101119号

责任编辑　周琛溢
封面设计　毛结平

疑趣课堂：让学生享受数学生活
季国栋　著

出版发行　上海教育出版社有限公司
官　　网　www.seph.com.cn
地　　址　上海市永福路123号
邮　　编　200031
印　　刷　启东市人民印刷有限公司
开　　本　700×1000　1/16　印张 9　插页 1
字　　数　137 千字
版　　次　2021年9月第1版
印　　次　2021年9月第1次印刷
书　　号　ISBN 978-7-5720-0905-1/G·0714
定　　价　48.00 元

如发现质量问题，读者可向本社调换　电话：021-64377165